CA
GE
VOCABULARY

CAXTON EDITIONS

First published in Great Britain by
CAXTON EDITIONS
an imprint of
the Caxton Publishing Group Ltd
20 Bloomsbury Street
London WC1B 3QA

Prepared and designed
for Caxton Editions by
Superlaunch Limited
PO Box 207
Abingdon
Oxfordshire OX13 6TA

Consultant editor Silke Mammen

ISBN 1 84067 079 7

A copy of the CIP data for this book is available from
the British Library upon request

Printed and bound in India

CONTENTS

amphibians	**die Amphibien** *f*
amphibious adj	amphibisch
bullfrog	der Ochsenfrosch
edible frog	der eßbare Frosch
frog	der Frosch
newt	der Salamander
(frog/toad) spawn	der Laich
to spawn	ablegen, hervorbringen
tadpole	die Kaulquappe
toad	die Kröte
breed*(s)*	**die Rasse (die Rassen)**
alsatian	der Schäferhund
to breed	züchten
bulldog	die Bulldogge
chihuahua	der Chihuahua
greyhound	der Windhund
gun dog	der Jagdhund
hound	der Jagdhund
labrador	der Labrador
longhair (cat)	Langhaar(katze)
mastiff	der Mastiff
miniature	die Miniatur
mongrel	der Bastard
pedigree	der Stammbaum
Persian	persisch *adj*, der Perser *n*
poodle	der Pudel
retriever	der Retriever, der Apportierhund
shorthair (cat)	Kurzhaar(katze)

Siamese adj (noun)	siamesisch (der Siamese)
spaniel	der Spaniel
standard (size)	der Standard
terrier	der Terrier
toy (size)	das Spielzeug
domestic animal	**das Haustier**
aquarium	das Aquarium
aquatic adj	aquatisch
aviary	das Vogelhaus
to bark	bellen
beak, bill	der Schnabel
bitch	die Hündin
budgerigar, budgie	der Wellensittich
cage	der Käfig
canary	der Kanarienvogel
canine	zur Familie der Hunde gehörend
carnivorous	fleischfressend
cat	die Katze
claw	die Klaue
dog	der Hund
feline adj	zur Familie der Katzen gehörend
female	das weibliche Tier
gerbil	die Wüstenmaus
goldfish	der Goldfisch
to growl	knurren
guard dog	der Wachhund
guardian	der Wächter

guinea pig	das Meerschweinchen
hamster	der Hamster
kitten	das Kätzchen
litter (babies)	der Wurf
litter (bedding)	die Streu
male	das männliche Tier
to mew	miauen
mouse	die Maus
mouser	der Mäusefänger
mousetrap	die Mausefalle
paw	die Pfote
pet	das Haustier
puppy	der Welpe
to purr	schnurren
rabbit	das Kaninchen
(rabbit) hutch	der (Kaninchen)stall
rat	die Ratte
tail	der Schwanz
tame	zahm
terrapin	die Dosenschildkröte
tropical fish	die tropischen Fische *m pl*
vermin	das Ungeziefer
watchdog	der Wachhund
watchful	wachsam
to whimper	wimmern, winseln
to whine	heulen
wing	der Flügel
evolution	**die Evolution**
to adapt	anpassen

adaptation	die Anpassung
to adjust	ändern
advantage	der Vorteil
behaviour	das Verhalten
to benefit from	von etwas profitieren
biped (2 legs)	der Zweibeiner
disadvantageous	nachteilig
to evolve	sich entwickeln
habitat	der Lebensraum
modification	die Veränderung
natural selection	die natürliche Auswahl
quadruped (4 legs)	der Vierbeiner
survival of the fittest	das Überleben der Stärkeren
zoo	der Zoo, der Tiergarten
zoologist	der Zoologe
zoology	die Zoologie
extinct	**ausgestorben**
archaeologist	der Archäologe, der Archäologin
archaeology	die Archäologie
dinosaur	der Dinosaurier
dodo	der Dodo, die Dronte
fossil	das Fossil
mammoth	das Mammut
palaeontologist	der Paläontologe, die Paläontologin
palaeontology	die Paläontologie
yeti	der Yeti
marsupial(s)	**das Beuteltier (die Beuteltiere)**
bush baby	der Galago, das Buschbaby

kangaroo	das Känguruh
koala	der Koalabär
mythical	**sagenhaft, sagenumwoben**
centaur	der Zentaur
chivalry	die Ritterlichkeit
dragon	der Drache
gryphon	der Greif
legend	die Legende
Medusa	die Meduse
Minotaur	der Minotaurus
myth	die Sage, der Mythos
Pegasus	der Pegasus
Phoenix	der Phönix
Sphynx	die Sphinx
unicorn	das Einhorn
nocturnal animals	**die Nachttiere** *nt pl*
badger	der Dachs
bat	die Fledermaus
craft, cunning	die Schlauheit
cunning adj	schlau
fox	der Fuchs
hedgehog	der Igel
parasite	**der Parasit**
tapeworm	der Bandwurm
predator(s)	**das Raubtier (die Raubtiere)**
big cat	die Großkatze *f sing*
cheetah	der Cheetah
cub	das Löwenjunge
jaguar	der Jaguar

leopard	der Leopard
lion	der Löwe
lioness	die Löwin
lynx	der Luchs
mane	die Mähne
mountain lion	der Berglöwe
panther	der Panther
predatory adj	räuberisch
to roar	brüllen
savage adj	wild
tiger	der Tiger
tigress	die Tigerin
prey	**die Beute** *f sing*
antelope	die Antilope
eland	die Eleantilope
gazelle	die Gazelle
stripe (of the zebra)	der Streifen
zebra	das Zebra
primates	**die Menschenaffen** *m pl*
baboon	der Pavian
chimpanzee	der Schimpanse
gibbon	der Gibbon
gorilla	der Gorilla
monkey	der Affe
orang-utan	der Orang Utan
reptiles	**die Reptile** *nt pl*
adder (viper)	die Viper
alligator	der Alligator
anaconda	die Anakonda

antidote	das Gegengift
cayman	der Kaiman
chameleon	das Chamäleon
cobra	die Kobra
cold-blooded	kaltblütig
constrictor	die Riesenschlange
crocodile	das Krokodil
fang	der Giftzahn
gecko	der Gecko
grass snake	die Ringelnatter
harmless	harmlos
lizard	die Eidechse *f sing*
poison	das Gift
poisonous adj	giftig
python	die Python
rattlesnake	die Klapperschlange
serpent	die Giftschlange
to slither	schlittern
slow-worm	die Blindschleiche
snake	die Schlange
tortoise	die Landschildkröte
turtle	die Wasserschildkröte
to wriggle	zappeln
scavenger(s)	**der Aasfresser (die Aasfresser)**
carrion	das Aas
hyena	die Hyäne
jackal	der Schakal
to scavenge	aasfressen
wolverine	der Vielfraß

wild animals	**die wildlebenden Tiere** *nt pl*
beaver	der Biber
dormouse	die Haselmaus
hare	der Feldhase
mink	der Nerz
mole	der Maulwurf
otter	der Otter
shrew	die Spitzmaus
weasel	das Wiesel
zoo animals	**die Zootiere** *nt pl*
anteater	der Ameisenfresser
armadillo	das Gürteltiel
bear	der Bär
bison	das Bison
buffalo	der Büffel
camel	das Kamel
dromedary	das Dromedar
echidna	die Echidna
elephant	der Elefant
elk	der Elch
giant panda	der Riesenpanda
to hibernate	überwintern
hippopotamus	das Nilpferd, Flußpferd
hump	der Höcker
kiwi	der Kiwi
llama	das Lama
mongoose	der Mungo
moose	der Amerikanische Elch
pack	das Rudel

porcupine	das Stachelschwein
rhinoceros	das Nashorn
skunk	das Stinktier
sloth	das Faultier
tapir	der Tapir
trunk	der Rüssel
wolf	der Wolf
FARM ANIMAL	DAS NUTZVIEH
herbivorous	pflanzenfressend
mammal	das Säugetier
omnivorous	allesfressend
warm-blooded	warmblütig
cattle	**das Vieh, die Rinder** *nt pl*
barn	die Scheune, der Stall
beef adj	vom Rind stammend
beef (meat)	das Rindfleisch
BSE	BSE, der Rinderwahn
bull	der Stier
bullock	der Ochse
calf	das Kalb
to calve	kalben
CJD	die Kreutzfeld-Jacobskrankheit
cow	die Kuh
dairy product	das Milchprodukt
to graze	grasen
heifer	die Jungkuh
herd	die Herde

to herd	zusammentreiben
herdsman	der Hirte
hoof	der Huf
horn	das Horn, das Geweih
livestock	der Tierbestand
to low	muhen
to milk	melken
milking parlour	die Melkstube
ox	der Ochse
pasture	die Weide
veal (meat)	das Kalbfleisch
deer	**das Wild**
, *antler*	das Geweih
buck	der Bock, Rammler
doe	das Reh
fallow (deer)	der Damhirsch
fawn	das Damkitz
red (deer)	das Rotwild
roe (deer)	das Reh
stag	der Hirsch
venison	das Hirschfleisch
fowl	**das Geflügel**
addled	verdorben
bantam	das Zwerghuhn
to brood	brüten
broody	brütig
chick	das Küken
chicken	das Hühnchen
cock-a-doodle-do	kikeriki

cockcrow	der Hahnenschrei
cockerel	der junge Hahn
to crow	krähen
dove	die Taube
to dress (gut)	ausnehmen
duck	die Ente
duckling	das Entenküken
egg	das Ei
feather	die Feder
goose	die Gans
gosling	das Gänseküken
hen	das Huhn, die Henne
to lay (eggs)	(Eier) legen
to pluck	rupfen
rooster	der Hahn
squab	die Jungtaube
turkey	der Truthahn
goats	**die Ziegen** *f pl*
billy	der Knüppel
homogenous (milk)	homogen
kid	das Zickel
to kid	zickeln
nanny	die Ziege, Geiß
horses	**die Pferde** *nt pl*
blacksmith	der Schmied
to bray	iahen
bridle	das Zaumzeug
colt	das Fohlen
donkey	der Esel

filly	das Stutfohlen
foal	das Fohlen
to foal	fohlen
halter	das Halfter
horseshoe	das Hufeisen
hybrid	die Kreuzung
to jump	springen
mare	die Stute
mule	der Maulesel
to neigh	wiehern
to ride	reiten
saddle	der Sattel
to shoe (horses)	behufen
stable	der Stall
stall	die Box
stallion	der Hengst
sterile	steril

see also SPORT, **horseriding** *p203* and WORK, AGRICULTURE, **stockbreeding** *p212*

pig(s)	**das Schwein (die Schweine)**
boar	der Eber
bristle	die Borste
to farrow	ferkeln
to fatten	mästen
ferocious	wild
to grunt	grunzen
piglet	das Ferkel
to root (pig)	schnüffeln nach
sow	die Sau

sty	der Schweinestall
tusk	der Stoßzahn
wild boar	das (männliche) Wildschwein
sheep	**das Schaf**
ewe	das Mutterschaf
flock	die Herde
lamb	das Lamm
to lamb	lammen
mutton	der Hammel
ram	der Widder
sheepdog	der Schäferhund
INVERTEBRATE	DAS WIRBELLOSE TIER
antenna	der Fühler
beetle	der Käfer
bug	die Wanze
cricket	die Grille
earwig	der Ohrwurm
exoskeleton	das Außenskelett
glow-worm	der Glühwurm
grasshopper	der Grashüpfer
insect	das Insekt
leaf insect	das Wandelnde Blatt
praying mantis	die Gottesanbeterin
stag beetle	der Hirschkäfer
stick insect	die Gespenstheuschrecke
butterfly	**der Schmetterling**
caterpillar	die Raupe
chrysalis	die Puppe

to flutter	flattern
imago (adult)	die Imago
iridescent	regenbogenfarben
to metamorphose	sich verpuppen
metamorphosis	die Verpuppung
moth	die Motte, der Nachtfalter
proboscis	der Rüssel
silkworm	der Seidenwurm
phobia	**die Phobie, Angst**
centipede	der Tausendfüßler
to crawl	kriechen
to creep	kriechen, schleichen
creepy-crawly adj	krabbelnd
earthworm	der Regenwurm
millipede	der Tausendfüßler, die Landassel
scorpion	der Skorpion
slimy	schleimig
slug	die Nachtschnecke
snail	die Schnecke
worm	der Wurm
to worm	sich schlängeln
social insects	**in Gemeinschaft lebende Insekten** nt pl
ant	die Ameise
anthill	der Ameisenhügel
apiarist	der Bienenzüchter
apiary	das Bienenhaus
bee	die Biene

beehive	der Bienenstock
bumblebee	die Hummel
colony	die Kolonie
drone	die Drone
honey	der Honig
honeycomb	die Bienenwabe
hornet	die Hornisse
to hum	summen
humming	das Summen
queen ant	die Ameisenkönigin
queen bee	die Bienenkönigin
sting	der Stich
to sting	stechen
termite	die Termite
wasp	die Wespe
worker (bee, ant)	die Arbeiterin
troublesome	**lästig**
bluebottle	die Schmeißfliege
flea	der Floh
fly	die Fliege
to infest	befallen
to irritate	ärgern
itch	der Juckreiz
to itch	jucken
locust	die Heuschrecke
louse	die Laus
lousy	verlaust
malaria	die Malaria
to molest	belästigen

mosquito	die Stechmücke
mosquito net	das Mückennetz
pest	die Pest
plague	die Seuche
spider	die Spinne
to spin	spinnen
to swat	schlagen
web	das Netz

ARMED FORCES   **DIE STREITKRÄFTE** *f pl*

air force	**die Luftwaffe**
aerodrome	der Flughafen
air raid	der Luftangriff
air-sea rescue unit	die Luft- und Seerettungseinheit
anti-aircraft defence	die Luftabwehr
anti-aircraft gun	das Flugabwehrgeschütz
bomb	die Bombe
to bomb	bombardieren
bomber (plane)	der Bomber
to bring down	abschießen
cockpit	das Cockpit
crew	die Besatzung
delta-wing adj	Deltaflügel-
ejector seat	der Schleudersitz
fighter plane	das Kampfflugzeug
fixed-wing adj	Starrflügel-

fly-by-wire	mittels Computer fliegen
fuselage	der Rumpf
head-up display	die Anzeige über kopf
helicopter	der Helikopter
navigator	der Steuermann
ordnance	die Artillerie, das Geschütz
parachute	der Fallschirm
parachutist	der Fallschirmspringer, die Fallschirmspringerin
pilot	der Pilot, die Pilotin
reconnaissance	die Erkennung
rotor	der Drehzylinder
rotary-wing adj	Drehflügel-
search and rescue	die Suche und Rettung *f*
shelter	der Bunker
spotter plane	das Aufklärungsflugzeug
squadron	das Schwadron
surface-to-air-missile	das Land-Luft-Geschoß
winchman	der Windenbediener
wing	der Flügel
army	**die Armee**
armoured car	der Panzerwagen
artillery	die Artillerie
barracks	die Kaserne
battalion	das Battallion
bayonet	das Bayonett
bombardment	die Bombardierung
bomb disposal	die Entschärfung von Bomben

cannon	die Kanone
captain	der Kapitän
cavalry	die Kavallerie
colonel	der Oberst
corporal	der Korporal
detachment	die Abkommandierung
to drill	exerzieren
firearm	die Schußwaffe
flak jacket	die schußsichere Weste
flank	die Flanke
garrison	die Garnison
general	der General
grenade	die Granate
guard, watch	die Wache
to guard, watch	bewachen
infantry	die Infantrie
land mine	die Landmine
to load	beladen
military	militärisch
military police	die Militärpolizei
patrol	die Patrouille
to patrol	patrouillieren
personnel	das Personal
quartermaster	der Quartiermeister
regiment	das Regiment
reinforcement	die Verstärkung
revolver	der Revolver
rocket	die Rakete
sentry	der Wachposten

sergeant	der Feldwebel
shell	die Hülse
to shell	bombardieren
to shoot	schießen
shot	der Schuß
soldier	der Soldat, die Soldatin
tank	der Panzer
trench	der Graben
troops	die Truppe
to unload	entladen
vanguard	die Vorhut
attack	**der Angriff**
ambush	der Ambusch
assault	der Überfall
to attack	angreifen
battlefield	das Schlachtfeld
campaign	die Kampagne
captive	der (die) Gefangene
captivity	die Gefangenschaft
combatant	der Kämpfer
coup (d'état)	der Staatsstreich
defeat	die Niederlage
to defeat	besiegen
to encamp	lagern
encampment	das Lager
encounter	das Treffen
to escape	entkommen
exploit	die Heldentat
fight	der Kampf

to fight	kämpfen
to flee	fliehen
flight	die Flucht
front	die Front
guerrilla	die Guerilla, der Guerillero
guerrilla campaign	der Guerillakampf
guerrilla warfare	der Guerillakrieg
insurrection	der Aufruhr
manoeuvre	das Manöver
to manoeuvre	manövrieren
to meet	treffen
to pursue	verfolgen
pursuit	die Verfolgung
to repel	abschrecken
retreat	sich zurückziehen
strategy	die Strategie
surrender	die Ergebung
to surrender	sich ergeben
tactics	die Taktik
wounded	verwundet
navy	**die Marine**
admiral	der Admiral
aircraft carrier	der Flugzeugträger
battleship	das Kampfschiff
corvette	die Korvette
to decommission	abkommandieren
destroyer	der Zerstörer
fleet	die Flotte
to float	treiben

hulk	der Klotz, Koloß
hull	der Schiffskörper
lieutenant	der Leutnant
marine adj	Marine- (*eg* Marineoffizier)
marine (person)	der Marinesoldat
minesweeper	das Minenräumboot
radar	der Radar
rudder	das Ruder
to sail	segeln
sailor	der Matrose
sonar	das Schallmeßgerät
submarine	das U-Boot
warship	das Kriegsschiff
peace	**der Frieden**
armistice	der Waffenstillstand
to besiege	belagern
blockade	die Blockade
ceasefire	der Waffenstillstand
Cold War	der kalte Krieg
to conquer	erobern
deterrent	die Abschreckung
to disarm	entwaffnen
disarmament	die Abrüstung
exercise	die Übung
hero, heroine	der Held, die Heldin
medal	die Medaille
nuclear warhead	der Atomsprengkopf
occupied territory	das besetzte Gebiet
pacifism	der Pazifismus

pacifist	der Pazifist
peacekeeping	die Friedenserhaltung
pension	die Rente
sanctions	die Sanktion
spy	der Spion, die Spionin
superpower	die Supermacht
treaty	das Abkommen
vanquished	der Unterlegene
victor	der Sieger, die Siegerin
war memorial	das Kriegerdenkmal
war	**der Krieg**
ammunition	die Munition
ammunition dump	das Munitionslager
to arm	bewaffnen
arsenal	das Waffenlager
badge	das Abzeichen
barbed wire	der Stacheldraht
billet	das Quartier
bullet	die Kugel
bulletproof	kugelsicher
cartridge	die Kartusche
commission	die Kommission
conscientious objector	der Wehrdienstverweigerer
conscript	der Wehrdienstpflichtige
conscription	die Einberufung
dagger	der Dolch
discipline	die Disziplin
disorder	die Unordnung

to equip	ausrüsten
equipment	die Ausrüstung
to explode	explodieren
explosion	die Explosion
flag	die Fahne
fort	das Fort
friendly fire	das Freundesfeuer
gunpowder	das Schwarzpulver
holocaust	der Holocaust
insignia	das Abzeichen
insubordinate	aufsässig
non-commissioned officer	der Unteroffizier
officer	der Offizier, die Offizierin
order	die Ordnung, der Befehl
rank	der Rang
recruit	der Rekrut, die Rekrutin
siege	die Belagerung
to (lay) seige (to)	belagern
training	das Training
uniform	die Uniform
warlike	kriegerisch
warrior	der Krieger

BIRDS   **DIE VÖGEL** *m pl*

bird of paradise	der Paradiesvogel
bird spotter	der Vogelbeobachter

egret	der Reiher
flamingo	der Flamingo
flight	der Flug
flightless	flugunfähig
hummingbird	der Kolibri
ibis	der Ibis
migrant adj (noun)	wandernd (der Zugvogel)
native	einheimisch
osprey	der Fischadler
ostrich	der Strauß
parrot	der Papagei
peacock	der Pfau
pelican	der Pelikan
penguin	der Pinguin
plover	der Regenpfeifer
plumage	das Gefieder
stork	der Storch
toucan	der Tukan
game birds	**das Federwild**
grouse	das Waldhuhn
guineafowl	das Perlhuhn
partridge	das Rebhuhn
pheasant	der Fasan
quail	die Wachtel
woodpigeon	die Taube
garden birds	**der Gartenvogel**
blackbird	die Amsel
bluetit	die Blaumeise
to caw	krächzen

chaffinch	der Buchfink
crow	die Krähe
cuckoo	der Kuckuck
finch	der Fink
fledgeling	das Vogeljunge
to fly	fliegen
to hatch	ausbrüten
jackdaw	die Dohle
jay	der Eichelhäher
heron	der Reiher
kingfisher	der Eisvogel
lark	die Lerche
magpie	die Elster
nest	das Nest
to nest	nisten
nightingale	die Nachtigall
pigeon	die Taube
pipet	der Pieper
robin	das Rotkehlchen
rook	die Saatkrähe
sparrow	der Spatz
starling	der Star
stork	der Storch
swallow	die Schwalbe
swan	der Schwan
thrush	die Drossel
wagtail	die Bachstelze
warbler	die Grasmücke
wren	der Zaunkönig

raptors	**die Raubvögel** *m pl*
bird of prey	der Raubvogel
buzzard	der Bussard
condor	der Kondor
eagle	der Adler
eagle owl	die Adlereule
falcon	der Falke
falconer	der Falkner, die Falknerin
falconry	die Falknerei
fish eagle	der Fischadler
gauntlet	der Stulpenhandschuh
gerfalcon	der Gerfalke
hawk	der Habicht
hood	die Kapuze
to hover (hawk)	schweben
jesses	die Fußkrallen *f pl*
kestrel	der Turmfalke
kite	der habichtartige Greifvogel
to lure	locken
owl	die Eule
peregrine falcon	der Wanderfalke
rapacious adj	gefräßig
to stoop	sich beugen
to swoop	sich herabstürzen
vulture	der Geier
sea birds	**die Seevögel** *m pl*
albatross	der Albatros
cormorant	der Kormoran
seagull	die Möve

accessories	die Accessoires *nt pl*
bag	die Tasche
belt	der Gürtel
beret	die Baskenmütze
bow-tie	die Fliege
bracelet	das Armband
braces	die Hosenträger *m pl*
brim	der Rand
cap	die Kappe, Mütze
cufflinks	die Manschettenknöpfe *m pl*
diamond	der Diamant
earmuffs	die Ohrenwärmer
fan	der Fächer
glasses	die Brille
gloves	die Handschuhe *m pl*
handkerchief	das Taschentuch
hat	der Hut
mittens	die Fausthandschuhe, Fäustlinge *m pl*
necklace	die Halskette
ring	der Ring
sash	die Schärpe
scarf	der Schal
shawl	das Schultertuch
studs	die Niete *f sing*
tie	die Krawatte
tiepin	die Krawattennadel
umbrella	der Regenschirm
veil	der Schleier

walking stick	der Gehstock
watch	die Armbanduhr
footwear	**die Fußmoden** *f pl*
barefoot	barfuß
boot	der Stiefel
buckle	die Schnalle
heel	der Absatz
knot	der Knoten
leather	das Leder
mule	der Pantoffel
pair	das Paar
to polish	putzen
to put on one's shoes	sich die Schuhe anziehen
to remove one's shoes	sich die Schuhe ausziehen
rubber	der (das) Gummi
sandal	die Sandale
shoe	der Schuh
shoehorn	der Schuhlöffel
shoelace	der Schnürriemen
shoemaker	der Schuhmacher
shoe polish	die Schuhcreme
slipper	der Hausschuh
sock	die Socke
sole	die Sohle
suède	das Wildleder
to tie	zubinden
to untie	aufmachen
make & mend	**machen und ausbeesern**
bodice	das Mieder, Oberteil

button	der Knopf
cloth	der Stoff
coarse	grob
collar	der Kragen
cotton	die Baumwolle
crochet	die Häkelarbeit
cuff	die Manschette
to darn	stopfen
dressmaker	der Schneider, die Schneiderin
dry-clean	chemisch reinigen
embroidery	die Stickerei
fabric	das Gewebe
fine	hochwertig
fly (of trousers)	der Hosenschlitz
to have (get) made	machen lassen
hem	der Saum
hole	das Loch
hook and eye	(der) Haken und (die) Öse
interlining	das Zwischenfutter
to iron	bügeln
to knit	stricken
knitted	gestrickt
knitting	das Stricken
knitting needles	die Stricknadeln *f pl*
lapel	das Revers
to let out	herauslassen
linen	das Leinen
lining	das Futter

to make	machen
man-made fibre	handgemachte Fasern *f pl*
to mend	ausbessern
needle	die Nadel
new	neu
pin(s)	die Stecknadel(n)
pocket	die Hosentasche,
	die Rocktasche
practical	praktisch
to press	bügeln
press stud	der Druckknopf
to repair	reparieren
scissors	die Schere
seam	der Saum
seamstress	die Näherin
second-hand	aus zweiter Hand
to sew	nähen
shoulder pad	das Schulterpolster
silk	die Seide
sleeve	der Ärmel
to take in	hereinnehmen
thick	dick
thread	der Faden
to turn up	hochschlagen
useless	nutzlos
velcro	der Klettverschluß
velvet	der Samt
waistband	der Gürtelbund
to wash	waschen

wool	die Wolle
worn out	abgetragen
wristband	die Manschette
zip	der Reißverschluß
protective	**schützend**
apron	die Schürze
dungarees	die Latzhose
overall	das Overall
to protect	schützen
ready-made	**fertig, die Konfektion**
blouse	die Bluse
to button	zuknöpfen
casual	lässig, sportlich
comfortable	angenehm
cool	kühl
couture	die Couture
designer	der Designer
dress	das Kleid
to dress	kleiden
to dress (oneself)	sich anziehen
elegant	elegant
fashionable	modisch
fits (well)	paßt (gut)
fur	der Pelz
furry	aus Pelz
jacket	die Jacke
jeans	die Jeans *f sing / pl*
long	lang
loose	weit

to loosen	lösen, lockern
miniskirt	der Minirock
out of fashion	unmodern
overcoat	der Mantel
pullover	der Pullover
to put on	anziehen
raincoat	der Regenmantel
to remove	entfernen
shirt	das Hemd
short	kurz
skirt	der Rock
style	der Stil
stylish	stilvoll
suit (men)	der Anzug
suit (women)	das Kostüm
sweatshirt	das Sweatshirt
swimsuit	der Badeanzug
to take off	ausziehen
tight	eng
tracksuit	der Jogginganzug
trousers	die Hose *sing*
trunks	die Badehose
T-shirt	das T-Shirt
to unbutton	aufknöpfen
to undress	sich ausziehen
to use	verwenden
useful	nützlich
waistcoat	die Weste
warm	warm

to wear	tragen
underwear	**die Unterwäsche** *f*
bra	der Büstenhalter, BH
dressing gown	der Bademantel
fine	fein
housecoat	das Hauskleid
knickers	die Unterhose *sing*,
	die Unterhosen *pl*
lace	die Spitze
leotard	der Gymnastikanzug
naked	nackt
narrow	eng
nightdress	das Nachthemd
nylon	der Nylon
petticoat	der Unterrock
pyjamas	der Schlafanzug
ribbon	das Band
robe	das Gewand
shorts	die kurze Hose *sing*,
	die Shorts
silky	seidig
slip	das Unterkleid
sock(s)	die Socke(n)
stockings	die (langen) Strümpfe *m pl*
tights	die Strumpfhose
underpants	die Unterhose *sing*
vest	das Unterhemd
wardrobe	der Kleiderschrank

see also **THE HOME**, **toiletries** *p104*

AMUSEMENTS	DIE VERGNÜGUNGEN *f*
amusing	vergnüglich
amusement arcade	die Spielhalle
arcade	die Arkade
battle game	das Kampfspiel
to be bored	sich langweilen
boring	langweilig
computer game	das Computerspiel
to enjoy oneself	sich unterhalten
entertaining	unterhaltsam
entertainment	die Unterhaltung
flight simulator	der Flugsimulator
pastime	der Zeitvertreib
rest	die Ruhe
to rest	ruhen
simulation (game)	die Simulation
toy	das Spielzeug
billiards	**das Billardspiel**
cannon	die Karambolage
cue	das Queue
pool	das Poolspiel
snooker	das Snookerspiel
spin	der Dreheffekt
triangle	das Dreieck
circus	**der Zirkus**
acrobat	der Akrobat, die Akrobatin
acrobatic	akrobatisch
acrobatics	die Akrobatik *f sing*
audacious	wagemutig

breathtaking	atemberaubend
clown	der Clown
daring	kühn
funny	lustig
hilarious	urkomisch
joke	der Witz
safety net	das Sicherheitsnetz
slapstick	die Situationskomik
tightrope	das Seil
tightrope walker	der Seiltänzer, die Seiltänzerin
trapeze	das Trapez
trapeze artist	der Trapezkünstler, die Trapezkünstlerin
to tumble	stürzen
tumbler	das Whiskyglas
uproarious	aufrührerisch
funfair	**das Straßenfest, die Kirchweih**
to assemble	zusammensetzen
candyfloss	die Zuckerwatte
carousel	das Karousel
coconut shy	die Wurfbude
crowd	die Menge
festival	das Fest
fun	der Spaß
(to have) fun	Spaß haben
popcorn	das Popcorn
toffee apple	der kandierte Apfel
games	**die Spiele** nt
ace	das As

baccarat	das Baccarat
bagatelle	die Bagatelle
bishop	der Läufer
board	das Brett
cards	die Spielkarten *f pl*
casino	das Kasino
to castle	rochieren
checkmate	das Schachmatt
chemin-de-fer	die Variante des Baccarat
chequerboard	das Damenbrett
chess	das Schach
chessboard	das Schachbrett
clubs	Kreuz *nt (sing, no article for cards)*
counter	die Spielmarke
to cut (cards)	(die Karten) abheben
to deal	austeilen
diamonds	Karo *nt (sing, no article for cards)*
dice pl	die Würfel
die sing	der Würfel
draughts	das Damespiel
dummy	die Attrappe
hearts	Herz *nt (sing, no article for cards)*
jack	der Bube
jigsaw	das Puzzle
king	der König
knight	der Springer
pair	das Paar
partner	der Partner
pawn	der Bauer

piece	die Figur
poker	das Pokerspiel
queen	die Königin
rook	der Turm
to shuffle	mischen
solitaire	das Solitairespiel
spades	Pik *nt (sing, no article for cards)*
stalemate	das Patt
suit	der Satz
tiddlywinks	das Flohhüpfen
to trump	trumpfen
whist	Whist *m*
to play	**spielen**
brinkmanship	die Polotik des äußersten Risikos
cardsharp	das Falschspiel
to cheat	mogeln
deceit	die Täuschung
deceitful	täuschend
to draw	zeichnen
fair (equitable)	fair, gerecht
game	das Spiel
heads (of coin)	Kopf *m (sing, no article)*
to join	sich zusammenschließen
to lose	verlieren
loser	der Verlierer
lottery	die Lotterie
luck	das Glück
(to be) lucky	Glück haben

match	das Match
to meet	sich treffen
meeting	das Treffen
party	die Gruppe, Party
player	der Spieler
sportsmanship	die Sportlichkeit
tails (of coin)	Zahl *f (sing, no article)*
to toss a coin	eine Münze werfen
trick	der Trick
visit	der Besuch
to visit	besuchen
to win	gewinnen
winner	der Gewinner
playground	**der Spielplatz**
bouncy castle	die Hüpfburg
climbing frame	das Klettergerüst
roundabout	das Karusell
seesaw	die Wippe
slide	die Rutsche
to slide	rutschen
swing	die Schaukel
to swing (oneself)	schaukeln
tired	müde
to get tired	ermüden
weariness	die Müdigkeit

ARTS	DIE KÜNSTE *f pl*
antique	**die Antiquität**
antique dealer	der Antiquitätenhändler

art dealer	der Kunsthändler
auction	die Versteigerung, die Auktion
auctioneer	der Auktionär
to bid	bieten
buyer's fee	die Kaufgebühr
collectable	das Sammlerstück
collection	die Sammlung
forger	der Fälscher, die Fälscherin
forgery	die Fälschung
junk	der Trödel
lot	die Partie
private	privat
provenance	die Herkunft
reserve price	der Mindestpreis
restoration	die Restauration
to restore	restaurieren
seller's fee	die Verkaufsgebühr
telephone bid	das telefonische Gebot
varnish	die Lackierung

see also **MONEY**, **auction** *p149*

architecture	**die Architektur**
aisle	der Gang
amphitheatre	das Amphitheater
apse	die Apsis
aqueduct	das Aquädukt
arch	der Bogen
architect	der Architekt
baroque adj	barock
barrel vault	das Tonnengewölbe

basilica	die Basilika
Byzantine adj	byzantinisch
cathedral	der Dom
cathedral city	die Domstadt
choir (of church)	der Chor
column	die Säule
Corinthian adj	korynthisch
crossing (of church)	die Vierung
crypt	die Krypta
dolmen	der Dolmen
dome	die Kuppel
Doric	dorisch
fan vault	das Fächergewölbe
Flamboyant (style)	das Flamboyant
Flamboyant adj	überladen
flying buttress	das Strebewerk
font	das Taufbecken
forum	das Forum
Gothic adj	gothisch
Ionic adj	ionich
mausoleum	das Mausoleum
menhir	der Menhir
minaret	das Minarett
mosque	die Moschee
nave	das Schiff
pagoda	die Pagode
pillar	die Säule
plinth	die Fußleiste
pyramid	die Pyramide

rake	die Neigung
relic	das Relikt
reliquary	das Reliquar
romanesque	romanisch
rose window	die Fensterrose
scaffolding	das Gerüst
sepulchre	das Grab
Sphinx	die Sphynx
spire	die Turmspitze
stained glass	das Kirchenfensterglas
synagogue	die Synagoge
temple	der Tempel
tomb	das Grab
tower	der Turm
transept	das Querschiff
vault	das Gewölbe
west front	die Westseite

for religion, see **PERSONALITY**, **spirit** *p180*

cinema	**das Kino**
to censor	zensieren
censorship	die Zensur
director	der Regisseur
to dub	synchronisieren
producer	der Produzent
screen	die Leinwand
sequel	die Folge
subtitle	der Untertitel
to subtitle	mit Untertiteln versehen

see also **WORK**, BUSINESS, **media** *p216*

dance, dancing	**der Tanz**
ball, dance	der Ball
ballet	das Ballet
ballet dancer	der Ballettänzer,
	die Ballettänzerin
ballroom dance	der Gesellschaftstanz
choreographer	der Choreograph
chorus	der Chorus
classical	klassisch
to dance	tanzen
dancer	der Tänzer, Tänzerin
disco	die Disco
fado	der Fado
flamenco	der Flamenco
folk dance	der Volkstanz
Latin-American	lateinamerikanisch
musicality	die Musikalität
(night)club	der (Nacht)Club
prima ballerina	die Primaballerina
(dance) routine	die (Tanz)Routine
soloist	der Solist, die Solistin
traditional	traditionell
music	**die Musik**
accompaniment	die Begleitung
to accompany	begleiten
accordion	das Akordeon
aria	die Arie
auditorium	der Zuhörerraum
bagpipes	der Dudelsack

banjo	das Banjo
baritone	der Bariton
bass	der Baß
bassoon	das Fagott
beat	der Beat
to blow	blasen
bow	der Bogen
brass instrument	das Blechblasinstrument
cello	das Cello
choir (singers)	der Chor
clarinet	die Klarinette
composer	der Komponist, die Komponistin
concert	das Konzert
concertina	die Concertina
conductor	der Dirigent, die Dirigentin
cornet	das Horn
drum	die Trommel
drums	das Schlagzeug
to enchant	bezaubern
flute	die Flöte
folk music	die Volksmusik
French horn	das Waldhorn
guitar	die Gitarre
harmony	die Harmonie
harp	die Harfe
harpsicord	das Cembalo
instrumentalist	der Instrumentalist, die Instrumentalistin

jazz	der Jazz
mandolin	die Mandoline
march	der Marsch
masterpiece	das Meisterwerk
musician	der Musiker, die Musikerin
oboe	die Oboe
ocarina	die Okarina
opera	die Oper
orchestra	das Orchester
organ	die Orgel
organist	der Organist
overture	die Overtüre
pianist	der Pianist
piano	das Piano, das Klavier
to play	spielen
to pluck (strings)	zupfen
refrain	der Refrain
rehearsal	die Probe
rock music	die Rockmusik
rock star	der Rockstar
saxophone	das Saxophon
score	die Partitur
to sing	singen
singer	der Sänger, die Sängerin
singing	der Gesang
soft	sanft
song	das Lied
songbook	das Liederbuch
soprano	der Sopran

stringed instrument	das Saiteninstrument
to strum	herumklimpern
symphony	die Symphonie, Sinfonie
to syncopate	synkopieren
synthesiser	der Synthesizer
tambourine	das Tambourin
tenor	der Tenor
trombone	die Posaune
trumpet	die Trompete
tuba	die Tuba
viola	die Bratsche
violin	die Violine, die Geige
violinist	der Violinist, die Violinistin
wind instrument	das Blasinstrument
xylophone	das Xylophon
zither	die Zither
theatre	**das Theater**
act	der Akt
actor	der Schauspieler
actress	die Schauspielerin
applause	der Applaus
apron stage	die Vorbühne
audience	das Publikum
box (in theatre)	die Loge
box office	die Kasse
character	die Person
comedy	die Komödie
costume	das Kostüm
curtain	der Vorhang

début	die Premiere
dénouement	die Auflösung
flop	der Flop
to flop	durchfallen
interval	die Pause
in the round	in der Runde
lighting	die Beleuchtung
mask	die Maske
performance	die Vorführung
pit	das Parkett
play	das Theaterstück
to play a role	eine Rolle spielen
playwright	der Dramatiker
proscenium arch	dr Bühnenrahmen
scene	die Szene
scenery	das Bühnenbild
seat, place	der Platz
spectator	der Zuschauer
stage	die Bühne
to stage, represent	auf die Bühne bringen, darstellen
stalls	der Sperrsitz
to be a success	ein Erfolg sein
theatrical	theatralisch
tragedy	die Tragödie
trapdoor	die Versenkung
to whistle, hiss	pfeifen, ausbuhen
whistling, hissing	die Pfiffe *pl*, die Buhrufe *pl*
to be word-perfect	seine Rolle genau kennen

51

FINE ART	DIE HOHE KUNST
art history	**die Kunstgeschichte**
abstract	der abstrakte
expressionism	Expressionismus
action painting	die Aktionsmalerei
altarpiece	das Altarbild
Barbizon school	die barbizonische Schule
cartoon	die Skizze
cave painting	die Höhlenmalerei
chiaroscuro	das Helldunkel
collage	die Collage
colourist	der Farbenkünstler, die Farbenkünstlerin
constructivist adj	konstruktivistisch
Cubism	der Kubismus
Cubist (painter)	der Kubist
Cubist adj	kubistisch
Dadaism	der Dadaismus
Expressionism	der Expressionismus
Expressionist	der Expressionist
expressionist adj	expressionistisch
figurative	figurativ
fresco	das Fresko
gesso	das Gesso
icon	die Ikone
Impressionism	der Impressionismus
Impressionist	der Impressionist
impressionist adj	impressionistisch
kinetic	kinetisch

Mannerism	der Manierismus
mannerist adj	manieristisch
miniature	die Miniatur
miniaturist	der Miniaturenmaler, die Miniaturenmalerin
museum	das Museum
naïve	naiv
Op art	die Opart
pointillisme	der Pointillismus
Pop art	die Popart
primitive	primitiv
profane	profan
the Renaissance	die Renaissance
Renaissance art	die Renaissancekunst
representational	darstellerisch
sacred	heilig
school (of)	die Schule (von)
secular	weltlich
sfumato	das Sfumato
Surrealism	der Surrealismus
Surrealist	der Surrealist
surrealist adj	surrealistisch
symbol	das Symbol
symbolic adj	symbolisch
to symbolise	symbolisieren
Symbolist	der Symbolist
symbolist adj	symbolistisch
technique	die Technik
triptych	das Triptychon

ceramics	die Keramik
to bake	backen, brennen
bisque ware	doppelt gebacken
celadon	das Celadon
to centre	auf einer Töpferscheibe töpfern
china	das Porzellan
clay	der Lehm, Ton
crackleware	die brüchige Glasur
earthenware	die Tonware
grit	der Sand
hand-painted	handbemalt
impermeable	wasserundurchlässig
intaglio	der Tiefdruck
kiln	der Brennofen
leather-hard	lederhart
lustre	der Schimmer, Glanz
to moisten	anfeuchten
mould	die Form
to mould	formen
non-toxic	ungiftig
pinhole (in glaze)	das Nadelloch
porcelain	das Porzellan
pottery	die Töpferware
stoneware	das Steingut
transfer	die Übertragung
to turn	drehen
to wedge	keilen
wheel	das Rad

contemporary painting	**die zeitgenössische Malerei**
abstract	abstrakt
agent	der Agent
artist	der Künstler, die Künstlerin
background	der Hintergrund
brush	der Pinsel
canvas	die Leinwand
colour	die Farbe
to colour	färben
coloured	gefärbt
commission	die Provision
contrast	der Gegensatz
to contrast	kontrastieren
crayon	die Wachsmalkreide, die Ölkreide
draughtsman	der Zeichner
to draw	zeichnen
drawing	die Zeichnung
dull	trüb
easel	die Staffelei
to engrave	radieren, gravieren
engraving	die Radierung, Gravierung
exhibition	die Ausstellung
foreground	der Vordergrund
gallery	die Gallerie
glaze	glasieren
to imitate	imitieren
imitation	die Imitation

impasto	das Impasto
to innovate	innovieren
innovation	die Innovation
innovative	innovativ
installation	die Installation
interactive	interaktiv
landscape	die Landschaft
landscape painter	der Landschaftsmaler, die Landschaftsmalerin
likeness	die Gleichheit, das Abbild
oil paints	das Ölbild
outline	der Umriß
to paint	malen
painter	der Maler, die Malerin
painterly	malerisch
painting	die Malerei
palette	die Palette
patron	der Mäzen
patronage	die Förderung
to patronise	fördern
picturesque	malerisch
portrait	das Porträt
portraitist	der Porträtmaler, die Porträtmalerin
print	der Druck
resemblance	die Ähnlichkeit
similar	ähnlich
still life	das Stilleben
studio	das Studio

tone	der Ton
underpainting	die Grundierung
watercolour	das Aquarrell
sculpture	**die Plastik**
armature	die Armatur
bust	die Büste
to carve	schnitzen
cast	der Guß
to cast	gießen
chisel	der Meißel
group	die Gruppe
model	das Modell
sculptor	der Bildhauer, die Bildhauerin
shape	die Form
to shape	formen
statue	die Statue
workshop	das Atelier

LITERATURE	DIE LITERATUR
alphabet	das Alphabet
assonance	die Assonanz
author	der Autor, die Autorin
autobiographical	autobiographisch
autobiography	die Autobiographie
ballad	die Ballade
biographer	der Biographieautor, die Biographieautorin
biographical	biographisch
biography	die Biographie

bookseller	der Buchhändler, die Buchhändlerin
bookshop	der Buchladen
character	die Person
copyright	das Urheberrecht
critic	der Kritiker, die Kritikerin
criticism	die Kritik
drama	das Drama
edition	die Ausgabe
editor	der (die) Herausgeber(in)
encyclopaedia	die Enzyklopädie, das Lexikon
encyclopaedic	enzyklopädisch
epic	das Epos
fiction	die erzählende Literatur
fictional	fiktiv
illiterate (person)	der (die) Analphabet(in)
to learn by heart	auswendig lernen
literate	lesekundig
metre	das Metrum
narrative	die Erzählung
novel	der Roman
novelist	der (die) Romanautor(in)
oral tradition	die mündliche Überlieferung
paperback	das Taschenbuch
papyrus	der Papyrus
parchment	das Pergament
picaresque (novel)	der Reisebericht
poet	der Dichter, die Dichterin
poetic	poetisch

poetry	die Dichtkunst
précis	die Zusammenfassung
publisher	der Verleger, die Verlegerin
reader	der Leser, die Leserin
rhyme	der Reim
to rhyme	sich reimen
royalties	die Tandiemen *f pl*
saga	die Saga
science fiction	die Science Fiction
sonnet	das Sonett
stanza	der Vers
story	die Geschichte
storyteller	der Geschichtenerzähler,
	die Geschichtenerzählerin
style	der Stil
syllable	die Silbe
tradition	die Tradition
writer	der Schriftsteller

see also **LEARNING**, **language**, *p130*

children's books **das Kinderbuch**

Bluebeard	der Blaubart
to cast a spell	verwünschen
Cinderella	das Aschenputtel
dwarf	der Zwerg
elf	die Elfe
enchanting,	bezaubernd
delightful	
fairy tale	das Märchen
gnome	der Gnom

goblin	der Kobold
magic	die Zauberei
magical	magisch
magician	der Zauberer
mermaid	die Meerjungfrau
nursery rhyme	der Kinderreim
Puss-in-Boots	der Gestiefelte Kater
Red Riding Hood	Rotkäppchen
Sleeping Beauty	Dornröschen
Snow Queen	die Schneekönigin
Snow White	Schneewittchen
spell	der Zauberspruch
spell, charm	der Zauber
witch	die Hexe
wizard	der Zauberer
mythology	**die Mythologie**
Achilles	der Achilles
Achilles' heel	die Achillesferse
The Arabian Nights	Tausendundeine Nacht
Armageddon	der Armageddon
Atlantis	der Atlantis
Cyclops	der Zyklop
Herculean	herkulisch
Hercules	der Herkules
Homer	der Homer
Homeric	homerisch
Iliad	die Ilias
Odysseus	der Odysseus

Odyssey	die Odyssee
Remus	der Remus
Romulus	der Romulus
rune	die Rune
Thor	der Thor
Trojan	trojanisch
Trojan horse	das trojanisch Pferd
Valhalla	die Walhalla

THE FAMILY   DIE **F**AMILIE *sing*

childbirth	**die Geburt**
abortion	die Abtreibung
baby	das Baby, der Säugling
baptism	die Taufe
to be born	geboren werden
to be pregnant	schwanger sein
birthday	der Geburtstag
boy	der Junge
child, children	das Kind, die Kinder *pl*
to christen	taufen
to conceive	schwanger werden
condom	das Kondom
contraception	die Empfängnisverhütung
contraceptive	das Verhütungsmittel
contraceptive pill	die Anti-Baby-Pille
family planning	die Familienplanung
girl	das Mädchen

to give birth	gebähren
to grow up	aufwachsen
to have an abortion	abtreiben lassen
maternity	die Mutterschaft
to menstruate	menstruieren
paternity	die Vaterschaft
period	die Periode, die Regel
name	der Name
to name	nennen
nurse	die Amme
twin	der Zwilling
young	jung
childcare	**die Kinderbetreuung**
to baby-sit	babysitten
baby-sitter	der Babysitter
to breastfeed	stillen
child minder	der Kinderbetreuer
crèche	die Kinderkrippe
infancy	die frühe Kindheit
learning	das Lernen
nanny	das Kindermädchen
nursery	das Kinderzimmer, die Kindertagesstätte
to play	spielen
playschool	der Kindergarten
to spoil (a child)	verderben, verwöhnen
spoilt	verdorben, verwöhnt
death	**der Tod**
ashes	die Asche *sing*

bier	die Totenbahre
body	der Körper
burial	die Beerdigung
to bury	beerdigen
cemetery	der Friedhof
coffin	der Sarg
to comfort	trösten
to console	trösten
to cremate	einäschern
cremation	die Einäscherung
crematorium	das Krematorium
deathbed	das Totenbett
death certificate	die Sterbeurkunde
dead man	der Tote
dead woman	die Tote
deceased	verstorben
to die	sterben
dying	sterbend
grave	das Grab
to grieve	trauern
to mourn	trauern
to survive	überleben
survivor	der (die) Überlebende
wake	die Totenwache
to wear mourning	Schwarz tragen
to weep	weinen
extended family	**die Großfamilie**
aunt	die Tante
cousin (female)	die Cousine, die Base

cousin (male)	der Cousin, der Vetter
goddaughter	die Patentochter
godfather	der Pate
godmother	die Patin
godson	der Patensohn
granddaughter	die Enkelin
grandfather	der Großvater
grandmother	die Großmutter
grandparents	die Großeltern
grandson	der Enkel
great-aunt	die Großtante
great-nephew	der Großneffe
great-niece	die Großnichte
great-uncle	der Großonkel
nephew	der Neffe
niece	die Nichte
stepbrother	der Stiefbruder
stepdaughter	die Stieftocher
stepfather	der Stiefvater
stepmother	die Stiefmutter
stepsister	die Stiefschwester
stepson	der Stiefsohn
uncle	der Onkel
marriage	**die Ehe**
annulment	die Annullierung
bachelor	der Junggeselle
betrothal	das Verlöbnis
boyfriend	der Freund
brother-in-law	der Schwager

couple	das Paar
daughter-in-law	die Schwiegertochter
divorce	die Scheidung
engagement	die Verlobung
to fall in love	sich verlieben
father-in-law	der Schwiegervater
girlfriend	die Freundin
honeymoon	die Flitterwochen
love	die Liebe
maiden name	der Mädchenname
married name	der Ehename
marriage certificate	die Heiratsurkunde
to marry	heiraten
mother-in-law	die Schwiegermutter
separation	die Trennung
sister-in-law	die Schwägerin
son-in-law	der Schwiegersohn
spinster	die Junggesellin, alte Jungfer
surname	der Nachname
wedding	die Hochzeit
wedding ring	der Ehering
young man	der junge Mann
young woman	die junge Frau
youth	die Jugend
nuclear family	**die Kernfamilie**
brother	der Bruder
brotherhood	die Brüderschaft
brotherly	brüderlich
daughter	die Tochter

elder	älter
father	der Vater
filial	kindlich
husband	der Ehemann
mother	die Mutter
parents	die Eltern *pl*
sister	die Schwester
sisterhood	die Schwesterschaft
sisterly	schwesterlich
son	der Sohn
spouse	der Ehegatte, die Ehegattin
uxorious	untergebuttert (Ehemann)
wife	die Ehefrau
younger	jünger
the older generation	**die ältere Generation**
active	aktiv
age	das Alter
the aging process	der Alterungsprozeß
Alzheimer's disease	die Alzheimer-Krankheit
ancestor	der Vorfahre
annuity	die Jahresrente
descendant	der Nachkomme
to get old	alt werden
fit	fit
forebear	der Vorfahre (*verb, to ~* geduldig ertragen)
forgetful	vergeßlich
frail	schwach, zerbrechlich

healthy	gesund
mature	reif
maturity	die Reife
menopause	die Wechseljahre *pl*
middle-aged	mittleren Alters
mid-life crisis	die Midlifecrisis
old	alt
old age	das Alter
old man	der alte Mann
old woman	die alte Frau
orphan	der (die) Waise
pension	die Rente
pensioner	der Rentner, die Rentnerin
to retire	in den Ruhestand gehen
retirement	der Ruhestand
retirement home	das Altenheim
senior	der Senior
vigorous	kräftig
widow	die Witwe
widower	der Witwer

FISH   DER FISCH

freshwater fish	**der Süßwasserfisch**
carp	der Karpfen
perch	der Flußbarsch
pike	der Hecht
piranha	der Piranha

trout	die Forelle
voracious	gefräßig
marine mammals	**im Wasser lebende Säugetiere**
dolphin	der Delphin
killer whale	der Mörderwal
manatee (sea cow)	die Seekuh
seal	der Seehund
sea lion	der Seelöwe
walrus	das Walroß
whale	der Wal
sea creatures	**im Wasser lebende Kreaturen**
anemone	die Anemone
caviar	der Kaviar
cephalopod	der Kopffüßer
cod	der Kabeljau
coral	die Koralle
coral reef	das Korallenriff
eel	der Aal
electric eel	der Zitteraal
elver	der Junaal
fin	die Flosse
flipper	die Flosse
gills	die Kiemen *m pl*
hake	der Hecht
herring	der Hering
krill	der Krill
octopus	der Oktopus
plankton	das Plankton
salmon	der Lachs

sardine	die Sardine
scale	die Schuppe
school (of fish)	der Schwarm
sea horse	das Seepferdchen
shark	der Hai
skate	der Glattrochen
squid	der Kalmar
starfish	der Seestern
sturgeon	der Stör
tentacle	der Fangarm
tuna fish	der Thunfisch
shellfish	**das Schalentier**
clam	die Klaffmuschel
cockle	die Herzmuschel
crab	der Krebs
crayfish	der Flußkrebs
crustacean	das Krustentier
cuttlefish	der Tintenfisch
limpet	die Napfschnecke
lobster	der Hummer
mollusc	die Molluske, das Weichtier
mussel	die Muschel
oyster	die Auster
prawn	die (Stein-)Garnele
seashell	die Muschel
sea urchin	der Seeigel
shell	die Schale
shrimp	die Krabbe
whelk	die Wellhornschnecke

civil service	**der Staatsdienst**
administrator	der Verwalter
ambassador	der Botschafter, die Botschafterin
attaché	der Attaché
chargé d'affaires	der Beauftragte
civil servant	der Beamte
consul	der Konsul, die Konsulin
consulate	das Konsulat
deputy	der Gesandte, die Gesandte
diplomacy	die Diplomatie
diplomat	der Diplomat, die Diplomatin
embassy	die Botschaft
local government	**die Kommunalverwaltung**
to administer	verwalten
to adopt	adoptieren, annehmen
to advise	beraten
to campaign	sich für etwas einsetzen
community	die Gemeinde
council	der Rat
councillor	das Ratsmitglied
to deliberate	sich beraten
dialogue	der Dialog
to discuss	diskutieren
mayor	der Bürgermeister
public meeting	das öffentliche Treffen
referendum	die Volksabstimmung
session	die Sitzung

town council	der Gemeinderat
town hall	das Rathaus
voluntary	freiwillig
volunteer	der (die) Freiwillige
monarchy	**die Monarchie**
absolute	absolut
aristocracy	die Aristokratie
aristocrat	der Aristokrat, die Aristokratin
to assent	zustimmen
autocratic	autokratisch
ceremonial	zeremoniell
ceremony	die Zeremonie
chancellor	der Kanzler
commoner	der (die) Bürgerliche
to confiscate	konfiszieren
confiscation	die Konfiszierung
constitutional	verfassungsmäßig
coronation	die Krönung
counter-revolution	die Konterrevolution
court	der Hof
courtier	der Höfling
crown	die Krone
to crown	krönen
crown jewels	die Kronjuwelen *f pl*
decree	der Beschluß
to decree	beschließen
disestablishment	die Trennung
divine right	das göttliche Recht
emperor	der Kaiser

empress	die Kaiserin
established (State church)	etabliert (Staatskirche)
figurehead	das Aushängeschild, die Gallionsfigur
formal	formell
formality	die Formalität
guillotine	die Guillotine
to guillotine	köpfen
inheritance	die Erbschaft
king	der König
lineage	die Abstammung
majesty	die Majestät
monarch	der Monarch
photo opportunity	die Gelegenheit zu fotografieren / photographieren
primogeniture	die Erstgeburt, das Erstgeburtsrecht
prince	der Prinz
princess	die Prinzessin
to proclaim	ausrufen, verkünden
proclamation	die Verkündung
queen	die Königin
rank	der Rang
regal	majestätisch
to reign	regieren
revolution	die Revolution
robes	die Gewänder *nt pl*

royal	königlich
secular	weltlich
secularisation	die Verweltlichung
subject	der Untertan, die Untertanin
throne	der Thron
title	der Titel
viceroy	der Vizekönig
walkabout	das Bad in der Menge
whim	die Laune
politics	**die Politik** *f sing*
cabinet	das Kabinett
city-state	der Stadtstaat
communist	kommunistisch
conservative	konservativ
democrat	der Demokrat, die Demokratin
to elect	wählen
election	die Wahl
fascist	faschistisch
to govern	regieren
green party	die Grünen *m pl*
liberal	liberal
market economy	die Marktwirtschaft
minister	der Minister, die Ministerin
ministry	das Ministerium
parliament	das Parlament
political	politisch
politician	der Politiker, die Politikerin
president	der Präsident, die Präsidentin
republic	die Republik

republican	republikanisch
senate	der Senat
senator	der Senator, die Senatorin
social democrat	der Sozialdemokrat
socialist	sozialistisch
state	der Staat
vote	die Stimme
to vote	wählen

HEALTH   DIE GESUNDHEIT

ailment(s)	**das Gebrechen** **(die Gebrechen)**
anti-histamine	das Antihistamin
aspirin	das Aspirin
boil	der Furunkel
to catch a cold	sich erkälten
cold (illness)	die Erkältung
cough	der Husten
to cough	husten
cramp	der Krampf
dermatitis	die Hautentzündung, Dermatitis
flu	die Grippe
to get fat	dick werden
hay fever	der Heuschnupfen
headache	der Kopfschmerz
hormone	das Hormon

imbalance	die Unausgeglichenheit
migraine	die Migräne
rash	der Hautausschlag
stomach upset	die Magenverstimmung
tonsillitis	die Mandelentzündung
wart	die Warze
complementary medicine	**die alternative Medizin**
acupuncture	die Akupunktur
aromatherapy	die Aromatherapie
chiropractic	die Chiropraktik
faith healing	das Gesundbeten
holistic	holistisch
massage	die Massage
spa	der Badeort, die Mineralquelle
drug abuse	**der Drogenmißbrauch**
alcohol	der Alkohol
alcoholic	der Alkoholiker, die Alkoholikerin
aversion therapy	die Aversionstherapie
cocaine	das Kokain
dealer	der Händler, Dealer; die Händlerin, Dealerin
detoxification	der Drogenentzug
drug	die Droge
drug addict	der (die) Drogenabhängige
drug addiction	die Drogenabhängigkeit
drugs traffic	der Drogenhandel
drugs trafficker	der Drogenhändler

hangover	der Kater
hashish	das Haschisch
heroin	das Heroin
to inhale	inhalieren
to inject	spritzen
to launder money	Geld waschen
marijuana	das Marihuana
methadone	das Methadon
nicotine	das Nikotin
passive smoking	das passive Rauchen
to smoke	rauchen
to sniff	schnüffeln
snuff	der Schnupftabak
syringe	die Spritze
to take drugs	Drogen nehmen
withdrawal syndrome	die Entzugserscheinung
hospital	**das Krankenhaus**
anaesthetic	die Narkose
anaesthetist	der Narkosearzt, die Narkoseärztin
antibiotic	das Antibiotikum
antibody	der Antikörper
blood cell	die Blutzelle
blood group	die Blutgruppe
blood pressure	der Blutdruck
blood test	die Blutuntersuchung
bypass operation	die Bypass-Operation
care	die Sorge

careful	sorgsam
careless	sorglos
carelessness	die Sorglosigkeit
clinic	die Klinik
consultant	der Berater
curable	heilbar
cure	die Heilung
to cure	heilen
diagnosis	die Diagnose
doctor	der Arzt, die Ärztin
face-lift	das Lifting
genetic engineering	die Genmanipulation
to have an operation	sich operieren lassen
incurable	unheilbar
infirmary	das Krankenhaus
to look after	sorgen für
medicine	die Medizin
microsurgery	die Mikrochirurgie
negligent	nachlässig
nurse	die Krankenschwester
outpatient	der Patient in ambulanter Behandlung
painkiller	das Schmerzmittel
patient	der Patient, die Patientin
pharmacist	der Apotheker, die Apothekerin
pharmacy	die Apotheke
pill	die Pille
plastic surgery	die plastische Chirurgie

prescription	das Rezept
to relieve	lindern
specialist	der Spezialist, die Spezialistin
surgeon	der Chirurg, die Chirurgin
surrogate mother	die Leihmutter
test-tube baby	das Baby aus dem Reagenzglas
therapy	die Therapie
treatment	die Behandlung
vaccine	der Impfstoff
illnesses	**die Krankheit**
acute	akut
AIDS	(das) AIDS
allergic	allergisch
allergy	die Allergie
angina	die Angina
anorexia	die Magersucht
anorexic	magersüchtig
arthritis	die Arthritis
breast cancer	der Brustkrebs
bulimia	die Bulimie
bulimic	bulimisch
cancer	der Krebs
chemotherapy	die Chemotherapie
chronic	chronisch
disability	die Behinderung
disabled	behindert
donor	der Spender, die Spenderin
eczema	das Ekzem
epilepsy	die Epilepsie

food poisoning	die Lebensmittelvergiftung
gallstone	der Gallenstein
haemophilia	die Bluterkrankheit
haemophiliac	der Bluter
handicap	die Behinderung
handicapped person	der Behinderte, die Behinderte
heart attack	der Herzanfall
heart surgery	die Operation am Herzen
heart transplant	die Herztransplantation
hepatitis	die Hepatitis
HIV-positive	HIV-postiv
implant	das Implantat
infertile	unfruchtbar
multiple sclerosis	die Multiple Sklerose
obese	fettleibig
obesity	die Fettleibigkeit
pacemaker	der Herzschrittmacher
pneumonia	die Lungenentzündung
psoriasis	die Schuppenflechte
rheumatism	das Rheuma
septicaemia	die Septikämie
stroke	der Schlaganfall
tumour	der Tumor
injury	**die Verletzung**
to bleed	bluten
cast	der Gips
to clot	ein Gerinnsel bilden
crutches	die Krücken *f pl*

to cut oneself	sich schneiden
to dislocate	ausrenken
fracture	der Bruch
to injure	sich verletzen
pain	der Schmerz
painful	schmerzhaft
to scar	vernarben
sprain	die Verstauchung
stitches	die Stiche *m pl*
to twist	verrenken
wheelchair	der Rollstuhl
wound	die Wunde
mental illness	**die Geisteskrankheit**
to depress	deprimieren
depressed	depressiv
depression	die Depression
hypochondriac	der Hypochonder
mad	verrückt
madness	die Verrücktheit
manic-depressive	manisch-depressiv
obsession	die Besessenheit
personality	die Krankheit der gestörten
disorder	Persönlichkeit
psychoanalysis	die Psychoanalyse
psychoanalyst	der Psychoanalytiker,
	die Psychoanalytikerin
psychologist	der Psychologe,
	die Psychologin
psychology	die Psychologie

psychopathic	psychopathisch
psychosomatic	psychosomatisch
schizophrenia	die Schizophrenie
self-esteem	das Selbstbewußtsein
prevention	**die Vorbeugung**
aerobic	aerob
calcium	das Kalzium
calorie	die Kalorie
check up	der Test
cholesterol	das Cholesterin
diet	die Diät
energy	die Energie
exercise	die Bewegung
fit	fit, in Form
fitness	die Fitneß
flexible	flexibel, dehnbar
gym	die Turnhalle, das Fitneßzentrum
healthy	gesund
minerals	die Mineralien
nutrition	die Ernährung
screening	die Reihenuntersuchung
sports	die Sportarten *f pl*
stiff	steif
supple	geschmeidig
tired	müde
trace element	das Spurenelement
unhealthy	ungesund
vitamin	das Vitamin

weight-bearing	gewichtig
sickness	**die Krankheit**
to be ill	krank sein
to become ill	krank werden
contagious	ansteckend
epidemic	die Epidemie
germ	der Keim
to get well	gesund werden
microbe	die Mikrobe
plague	die Pest, Seuche
to recover	sich erholen
sick	krank
to suffer	leiden
symptoms	**die Symptome** *nt pl*
ache	der Schmerz
epileptic fit	der epileptische Anfall
faint adj	schwach
to faint	ohnmächtig werden
fever	das Fieber
to heat	heizen
hoarse	heiser
hot	heiß
indigestion	die Verdauungsstörung
intolerance	die Intoleranz, Unduldsamkeit
pain	der Schmerz
pale	blaß
perspiration	der Schweiß, das Schwitzen
to shiver	zittern
sore throat	der Halsschmerz

sweaty	verschwitzt
swelling	die Schwellung
swollen	geschwollen
temperature	die Temperatur
to turn pale	erblassen

for *chemist*, see **hospital**, *pharmacist p77*

DENTAL HEALTH	DIE GESUNDHEIT DER ZÄHNE
abcess	der Abzeß
amalgam	das Amalgam
anaesthetic (local)	die (lokale) Beteubung
to bite	beißen
braces	die Zahnspange *f pl*
bridge	die Brücke
broken	gebrochen
cap	der Aufsatz
cavity	das Loch
crown	die Krone
dentist	der Zahnarzt
dentures	die Zahnprothese
to drain	trockenlegen
to drill	bohren
to extract	extrahieren, herausziehen
extraction	die Extraktion, das Herausziehen
filling	die Füllung
gold	das Gold
hygienist	der Hygieniker, die Hygienikerin
mouthwash	das Mundwasser

orthodontist	der Kieferorthopäde,
	die Kieferorthopädin
peg	der Stift, Haken
porcelain	das Porzellan
to rinse out	ausspülen
root canal	der Wurzelkanal
sore adj	wund
temporary	vorübergehend
tender	empfindlich
toothache	der Zahnschmerz
ulcer	das Geschwür

THE HOME   DAS ZUHAUSE

bathroom	**das Badezimmer**
to air	auslüften
airing cupboard	der Trockenschrank
bath	das Bad
to bathe	baden
bathmat	die Badematte
bathrobe	der Bademantel
bathtub	die Badewanne
burst adj	geplatzt
to burst	platzen
cabinet	der Schrank, das Schränkchen
condensation	die Kondensation
damp	feucht
dry	trocken

to dry oneself	sich abtrocknen
extractor fan	der Entlüfter
facecloth	der Waschlappen
to floss	die Zahnseide benutzen
mirror	der Spiegel
mould, mildew	der Schimmel
mouthwash	das Mundwasser
pipe	das Rohr
plug	der Stöpsel
plughole	der Abfluß
plumber	der Klempner
scales	die Waage
shower	die Dusche
sponge	der Schwamm
to take a shower	sich duschen
tap	der Wasserhahn
toilet bowl	die Waschschüssel
toilet paper	das Toilettenpapier
toothbrush	die Zahnbürste
tooth floss	die Zahnseide
toothpaste	die Zahnpasta
toothpick	der Zahnstocher
towel	das Handtuch
towel rail	der Handtuchhalter
to turn off (tap)	(den Hahn) abdrehen
to turn on (tap)	(den Hahn) aufdrehen
to wash	waschen
washbasin	das Waschbecken
washer (of tap)	der Dichtungsring

to wash oneself	sich waschen
	see also **toiletries**, *p104*
bedroom	**das Zimmer**
alarm clock	der Wecker
to awaken	aufwachen
bed	das Bett
bedspread	die Tagesdecke
blanket	die Decke
bolster	die Schlummerrolle
bunk bed	das Stockbett
chest of drawers	die Kommode
coat hanger	der Kleiderbügel
cot	das Kinderbett
drawer	die Schublade
dressing table	der Schminktisch
duvet	das Federbett
duvet cover	der Federbettbezug
the early hours	die Nacht, nach Mitternacht
electric blanket	die elektrische Wärmdecke
to fold	falten
to get up early	früh aufstehen
to go to bed	zu Bett gehen
hot-water bottle	die Wärmflasche
linen basket	der Wäschekorb
master bedroom	das Schlafzimmer
mattress	die Matratze
nightcap (drink)	der Bettrunk
pillow	das Kissen
pillowslip	der Kissenbezug

quilt	die Steppdecke
screen	der Paravent
sheets	die Bettücher *nt pl*
to sleepwalk	schlafwandeln
sleepwalker	der Schlafwandler,
	die Schlafwandlerin
sleepwalking	das Schlafwandeln
slippers	die Hausschuhe *m pl*
stool	der Hocker
to wake	wecken
wardrobe	der Kleiderschrank
building	**das Gebäude**
air conditioning	die Klimaanlage
angular	eckig
beam	der Balken
board	das Brett
boiler	der Boiler, Kessel
brick	der Backstein
to build	bauen
building site	das Baugelände
cable	das Kabel
ceiling	die Decke
cement	der Zement
chimney	der Kamin
circuit breaker	der Leistungsschalter
column	die Säule
concrete	der Beton
contractor	der Bauunternehmer
cornerstone	der Eckstein

coving	die Einbuchtung
to demolish	abreißen
to destroy	zerstören
drainpipe	das Abflußrohr
ducting	das Leitungssystem
electricity supply	die Energieversorgung
fireplace	der Kamin
floor	der Boden
to found	gründen
foundations	das Fundament
fusebox	der Sicherungskasten
gutter	die Dachrinne
heating system	die Heizungsanlage
joist	der Deckenbalken
meter (for gas etc)	der Zähler
partition wall	die Trennwand
pipework	das Rohrwerk
plan	der Plan
plaster	der Verputz
plumbing	die Wasserleitungen
repair	reparieren
roof	das Dach
roof tile	der Dachziegel
sand	der Sand
to screed	den Estrich verlegen
skirting	die Fußleiste
slate	die Schindel
smoke detector	der Rauchmelder
solid adj	solide

step	die Stufe
stone	der Stein
stopcock	der Abstellhahn
tile	die Kachel
vent	die Öffnung, der Abzug
wall	die Wand
water tank	der Wassertank
wood	das Holz
to clean	**reinigen**
basket	der Korb
broom	der Besen
bucket	der Eimer
clean	sauber
dirty	schmutzig
empty	leer
to empty	leeren
to fill	füllen
full	voll
to rub	reiben
to scrub	schrubben
to sweep	kehren
vacuum cleaner	der Staubsauger
to wash (dishes)	abwaschen
to wipe	wischen
corridor	**der Flur**
grandfather clock	die Standuhr
hall (large room)	der Saal
hall, lobby	die Eingangshalle
hatstand	der Garderobenständer

decoration	**die Dekoration**
antiquated	veraltet
blind (for window)	die Jalousie, das Rouleau
carpet	der Teppich
chintz	der Chintz
comfortable	bequem
curtain	der Vorhang
damask	der Damast
eggshell finish	die Mittelglanzglasur
emulsion paint	die Dispersionsfarbe
floor tile	die Bodenfliese
frame	der Rahmen
furnished	möbliert
furniture	die Möbel
gloss paint	die Lackfarbe
to hang	aufhängen
hessian	das Sackleinen, Hessian
to keep, preserve	behalten, erhalten
(household) linen	die (Haushalts-)Wäsche
loose cover	der Überzug, Schoner
luxurious	luxuriös
modern	modern
moth-eaten	mottenzerfressen
paint	die Farbe
to paint	malen, streichen
paint chart	die Farbpalette
photograph	die Fotografie, das Foto
photograph album	das Fotoalbum
picture	das Bild

a piece of furniture	ein Möbelstück *nt*
pile (of carpet)	der Flor
portrait	das Porträt
radiator	der Heizkörper
roomy, spacious	geräumig
rug, mat	der Vorleger
samples	die Proben *f pl*
to sand	schmirgeln, schleifen
sandpaper	das Schleifpapier
silk finish (of	der Seidenglanz,
paint)	die Seidenglanzfarbe
to take down	abnehmen
tapestry	die Gobelinstickerei
a tapestry	ein Wandbehang *m*
tile (decorative)	die (Zier-)Kachel
tiling	das Fliesen
uncomfortable	unbequem
Venetian blind	die Jalousie
wallpaper	die Tapete
to wallpaper	tapezieren
weave (of carpet)	weben
dining room	**das Eßzimmer**
beverage, drink	das Getränk
bottle	die Flasche
bottle-opener	der Flaschenöffner
breakfast	das Frühstück
to breakfast	frühstücken
to carve (meat)	tranchieren
chair	der Stuhl

china	das Porzellan, Geschirr
coffee mill	die Kaffeemühle
coffee pot	die Kaffeekanne
cork	der Korken
corkscrew	der Korkenzieher
to cover	zudecken
crockery	das Geschirr
cup	die Tasse
to cut	schneiden
cutlery	das Besteck
(set of) *cutlery*	das Gedeck
dessert spoon	der Dessertlöffel
dinner	das Abendessen
to drink	trinken
to eat, dine	essen
fork	die Gabel
(drinking) *glass*	das Glas
gravy (sauce) boat	der Bratensaft, die Soßenschüssel
ice bucket	der Eiskübel
to keep warm	warmhalten
knife	das Messer
lunch	das Mittagassen
to lunch	zu Mittag essen
meals	die Mahlzeiten *f pl*
mustard pot	der Senftopf
mustard spoon	der Senflöffel
napkin	die Serviette
pepper grinder	die Pfeffermühle

plate	der Teller
porcelain	das Porzellan
to pour out	ausgießen
to pull out	herausziehen
salt cellar	das Salzfaß
saucer	die Untertasse
serving dish	der Vorlegeteller
sharp	scharf
sideboard	die Anrichte, das Sideboard
spoon	der Löffel
spoonful	einen Löffel voll
stainless steel	der Edelstahl
sugar bowl	die Zuckerdose
supper	das Abendessen
to have supper	zu Abend essen
table	der Tisch
tablecloth	das Tischtuch
table mat	das Set
table service	das Service
tablespoon	der Eßlöffel
tea pot	die Teekanne
teaspoon	der Teelöffel
to toast (health)	zuprosten
tray	das Tablett
to uncork	entkorken
to uncover	öffnen
electricity	**die Elektrizität**
central heating	die Zentralheizung
fan	der Ventilator

heater	der Ofen
light bulb	die Glühbirne
meter	der Zähler
plug	der Stecker
socket	die Steckdose
switch	der Schalter
to switch off	ausschalten
to switch on	anschalten
fire	**das Feuer**
ashes	die Asche *sing*
to blaze	lodern
blazing	lodernd
to burn	brennen
burning adj	brennend
charcoal	die Holzkohle
coal	die Kohle
embers	die Glut
firewood	das Feuerholz
flame	die Flamme
to glow	glühen
hearth	die Feuerstelle
to light	anzünden
matches	die Streichhölzer *nt pl*
to poke	stochern
poker	der Feuerhaken
to scorch	versengen
shovel	die Schaufel
smoke	der Rauch
to smoke (of fire)	rauchen

to smoulder	glimmen
spark	der Funke
to sparkle	glitzern
stove	der Herd
woodcutter	der Holzhacker
housing	**der Wohnraum**
apartment block	der Wohnblock
bungalow	der Bungalow
caravan	der Wohnwagen
castle	die Burg
chalet	das Chalet
cottage	das Häuschen
council house	das Haus des sozialen Wohnungsbaus
country house	das Landhaus
farmhouse	das Bauernhaus
house	das Haus
houseboat	das Hausboot
hut	die Hütte
igloo	der / das Iglu
lighthouse	der Leuchtturm
log cabin	das Blockhaus
manor house	das Herrenhaus
mansion	die Villa
palace	der Palast
penthouse	das Penthaus
semi-detached house	die Doppelhaushälfte
shack	der Verschlag

shanty	der Schuppen
shantytown	die Wellblechhüttensiedlung
stately home	der Herrensitz
tepee	das Tipi
terraced house	das Reihenhaus
villa	das Landhaus
inside	**im (Haus-)Inneren**
banisters	das Treppengeländer
door	die Tür
fanlight	das Oberlicht
hinge	die Angel
to inhabit	bewohnen
inhabitant	der Bewohner, die Bewohnerin
jamb	der (Tür-)Pfosten
key	der Schlüssel
lintel	der Sturz
lock	das Schloß
to lock	abschließen
to open	öffnen
opening	die Öffnung
to reside	wohnen
residence	die Wohnung
room	das Zimmer
to shut, close	schließen
staircase	das Treppenhaus
stairs	die Treppe
kitchen	**die Küche**
appliance	das Gerät
barbecue grill	der Holzkohlengrill

bench	die Bank
to boil	kochen
cabinet	der Schrank,
	das Schränkchen
casserole	der Schmortopf
chopping board	das Schneidebrett
cleaver	das Hackbeil
to cook	kochen
to cover	zudecken, abdecken
dishcloth	das Geschirrtuch
dishwasher	die Spühlmaschine
draining board	das Abtropfbrett
electric cooker	der Elektroherd
food mixer	der Mixer
food processor	die Küchenmaschine
freezer	der Gefrierschrank
frying pan	die Pfanne
gas cooker	der Gasherd
glassware	das Glas
grater	die Reibe
grill	der Grill
iron	das Bügeleisen
ironing board	das Bügelbrett
jug, pitcher	der Krug
kitchen knife	das Küchenmesser
larder	der Speiseschrank
lid, cover	der Deckel
microwave	die Mikrowelle
to microwave	in der Mikrowelle kochen

oven	der Backofen
oven glove	der Topfhandschuh
pantry	die Speisekammer
pitcher	der Krug, die Kanne
plate rack	der Abtropfständer
pot	der Topf
pressure cooker	der Schnellkochtopf
refrigerator	der Kühlschrank
roasting tin	die Bratform
rubbish	der Müll, Abfall
rubbish bin	der Mülleimer, Abfalleimer
saucepan	der Kochtopf
sewing machine	die Nähmaschine
shelf	das Regal
sink	das Spühlbecken
spatula	der Spachtel
tea towel	das Geschirrtuch
toaster	der Toaster
utensils	die Küchengeräte *nt pl*
utility room	der Raum mit Haushaltsgeräten
washing machine	die Waschmaschine
washing powder	das Waschpulver
waste disposal unit (in sink)	der Müllzerkleinerer (im Waschbecken)
wooden spoon	der Holzlöffel
worktop	die Arbeitsfläche
lighting	**die Beleuchtung**
candle	die Kerze

candlestick	der Kerzenhalter
dazzle, splendour	das gleißende Licht
lamp	die Lampe
lampshade	der Lampenschirm
light	das Licht
light fitting	die Lampe
light switch	der Lichtschalter
to light up	erleuchten
to put out	löschen
wax	das Wachs
wick	der Docht
living room	**das Wohnzimmer**
CD player	der CD-Spieler
DVD player	der DVD-Spieler
hi-fi	die Hi-Fi-Anlage
LP	die LP, die Langspielplatte
radio ·	das Radio
record-player	der Plattenspieler
television	das Fernsehen, der Fernseher
video recorder	der Videorekorder
lounge (of hotel)	**das Foyer**
bar	die Bar
cocktail	der Cocktail
drinks	die Drinks, Getränke
guest	der Gast
to invite	einladen
to serve	einen Gast bedienen
office / study	**das Büro**
answerphone	der Anrufbeantworter

calculator	der Taschenrechner
computer	der Computer
to correct	korrigieren
cupboard	der Schrank
desk	der Schreibtisch
dictaphone	das Diktiergerät
to edit	bearbeiten, herausgeben
envelope	der Briefumschlag
fax	das Faxgerät, Fax
filing cabinet	der Aktenschrank
floppy disk	die Diskette
handwriting	die Handschrift
keyboard	die Tastatur
modem	das Modem
monitor	der Bildschirm
mouse	die Maus
paper	das Papier
pen	der Stift
pencil	der Bleistift
postage stamp	die Briefmarke
printer	der Drucker
software	die Software
stationery	die Schreibwaren *f pl*
swivel chair	der Drehstuhl
telephone	das Telefon
to type	tippen, Schreibmaschine schreiben
voicemail	der Anrufbeantwortungsdienst

workstation	der Arbeitsplatz
to write	schreiben
writing desk	der Schreibtisch
see also **WORK**, BUSINESS, **office** *p217*	
outbuildings	**das Nebengebäude**
barn	die Scheune
bolt	der Riegel
flowerpot	der Blumentopf
garage	die Garage
garden tools	die Gartengeräte *nt pl*
greenhouse	das Gewächshaus
hasp	die Haspe
ladder	die Leiter
neglected	vernachlässigt
padlock	das Vorhängeschloß
shed	das Gartenhaus
storage	die Lagerung
summerhouse	das Sommerhaus
whitewashed	gekalkt
wooden	hölzern
worm-eaten	von Holzwurm befallen
outside	**die Außenseite**
balcony	der Balkon
burglar alarm	die Alarmanlage
conservatory	der Wintergarten
doorbell	die Türklingel
doorkeeper	der Pförtner
doorknocker	der Türdrücker
doormat	die Fußmatte

to enter	eintreten
entrance	der Eingang
façade	die Fassade
folly	die Torheit, Verrückheit
front door	die Eingangstür
glass	das Glas
to go out	ausgehen
to knock at the door	an die Tür klopfen
to lock up	zuschließen, verschließen
porch	der Eingang
shutter	der Fensterladen
threshold	die Schwelle
way out	der Ausgang
window	das Fenster
windowpane	die Fensterscheibe
windowsill	das Fensterbrett
ownership	**das Eigentum**
agent	der Agent, Vertreter
change	ändern
contract	der Vertrag
deposit	die Kaution
estate agent	der (die) Immobilienmakler(in)
forfeit	verlieren, verfallen
freehold	das Besitzrecht, der freie Grundbesitz
interest (on payment)	die Zinsen *m pl*
landlord, owner	der Vermieter, der Eigentümer

lease	der Pachtvertrag
lessee	der Pächter, die Pächterin
to let	vermieten
life insurance	die Lebensversicherung
mortgage	die Hypothek
to move house	umziehen
to own	besitzen
rent (payment)	die Miete, Mietzahlung
to rent	mieten
repayment	die Zurückzahlung
to sublet	untervermieten
tenant	der Mieter, die Mieterin
sitting room	**das Wohnzimmer**
armchair	der Sessel
book(s)	das Buch (die Bücher)
bookcase	der Bücherschrank
bookshelf	das Bücherregal
chair	der Stuhl
clock	die Uhr
couch	die Couch
cushion	das Kissen
ornament	das Ornament
to relax	sich entspannen
to rest	sich ausruhen
rocking chair	der Schaukelstuhl
seat	der Platz
to sit down	sich hinsetzen
to be sitting	sitzen
sofa	das Sofa

stool	der Hocker
storeys	**die Stockwerke** nt pl
to ascend	nach oben gehen
ascent	der Aufstieg
attic	die Mansarde
cellar	der Keller
descent	der Abstieg
downstairs	unten
first floor	der erste Stock
to go down	nach unten gehen
to go up	nach oben gehen
ground floor	das Erdgeschoß
landing	die Diele
lift	der Aufzug
low	niedrig
top floor	das oberste Stockwerk
upstairs	oben
toiletries	**die Toilettenartikel** m pl
bath oil	das Badeöl
body lotion	die Körpermilch
brush	die Bürste
cleanser	der Reiniger
comb	der Kamm
to comb	(sich) kämmen
compact	der Kompaktpuder
conditioner	die (Haar-)Spülung
ear drops	die Ohrentropfen m pl
electric razor	der Rasierapparat
emery board	die Sandblattfeile

eye drops	die Augentropfen *m pl*
face cream	die Gesichtscreme
face pack	die Gesichtsmaske
first-aid kit	der Verbandskasten
hairdryer	der Föhn
hair gel	das Haargel
hairnet	das Haarnetz
hairpiece	das Haarteil
hairpin	die Haarnadel
hairslide	die Haarklammer
hairspray	das Haarspray
hand cream	die Handcreme
lip gloss	das Lipgloss
lip salve	der Lippenbalsam
lipstick	der Lippenstift
makeup	das Makeup
nail clippers	die Nagelschere
nail file	die Nagelfeile
nail varnish	der Nagellack
razor	das Rasiermesser
razorblade	die Rasierklinge
shampoo	das Schampu
shaving foam	der Rasierschaum
soap	die Seife
talcum powder	der Tallkumpuder
toner	das Tönungsmittel, der Toner
tool(s)	**das Werkzeug (die Werkzeuge)**
awl	die Ahle

axe	die Axt
to dig	graben
drill	die Bohrmaschine
drill bit	der Bohrer
(garden) *fork*	die Heugabel
glue	der Leim
to glue, stick	leimen, kleben
hammer	der Hammer
to hammer	hämmern
hoe	die Hacke
to hoe	hacken
lawnmower	der Rasenmäher
nail	der Nagel
to nail	nageln
paintbrush	der Pinsel
pickaxe	die Spitzhacke
plane	der Hobel
to plane	hobeln
rake	die Harke
to rake	harken
to sand	schleifen
sander	die Schleifmaschine
saw	die Säge
to saw	sägen
sawdust	das Sägemehl
screw	die Schraube
to screw (in)	schrauben
screwdriver	der Schraubenzieher
spade	die Schaufel

appearance	das Aussehen
beautiful	schön
beauty	die Schönheit
big	groß, dick
bony	knöchern
broad	breit
external	äußerlich
fat	dick
handsome	gut aussehend
height	die Größe
left	links
left-handed	linkshändig
long	lang
narrow	schmal
plump	plump
pretty	hübsch
right	rechts
right-handed	rechtshändig
short	klein, kurz
slight	leicht, schwach
small	klein
strength	die Stärke
strong	stark
tall	groß
thin	dünn
ugliness	die Häßlichkeit
ugly	häßlich
weak	schwach
weakness	die Schwäche

hair	**das Haar, die Haare** *pl*
auburn	rötlichbraun
bald	glatzköpfig
beard	der Bart
bearded	bärtig
blond(e)	blond
brown	braun
brush	die Bürste
to brush	bürsten
clean-shaven	rasiert
coarse	derb, rauh
comb	der Kamm
to comb	kämmen
curl	die Locke
curly	gelockt
dandruff	die Schuppen *f pl*
dark	dunkel
depilatory	das Enthaarungsmittel
facial hair	die Gesichtsbehaarung
fair	hell
fine	fein
grey hair	graue Haare *nt pl*
to grow a beard	sich einen Bart stehen lassen
haircut	der Haarschnitt
moustache	der Schnurrbart
plait	der Zopf
red-haired	rothaarig
rough	rauh
scalp	die Kopfhaut

to shave	sich rasieren
sideburns	der Backenbart
silky	seiden
smooth	glatt

HEAD	DER KOPF
ear	**das Ohr**
ear canal	der Hörkanal
eardrum	das Trommelfell
earlobe	das Ohrläppchen
eye	**das Auge**
baggy-eyed	Ringe unter den Augen habend
cornea	die Hornhaut
cross-eyed	schielend
eyebrow	die Augenbraue
eyelash	die Wimper
eyelid	das Augenlid
eyesight	die Sehkraft
iris	die Iris
long-sighted	weitsichtig
one-eyed	einäugig
pupil	die Pupille
retina	die Netzhaut
short-sighted	kurzsichtig
squint	schielen, blinzeln
tear	die Träne
weeping	weinen
wide-eyed	mit großen Augen

face	**das Gesicht**
beauty spot	der Schönheitsflecken
complexion	der Teint
dimple	das Grübchen
expression	der Ausdruck
freckle	die Sommersprosse
freckled	sommersprossig
to frown	die Stirn runzeln
pore	die Pore
wart	die Warze
wrinkle	die Falte
features	**die Gesichtszüge** *m pl*
cheek	die Wange
chin	das Kinn
forehead	die Stirn
neck	der Hals
throat	die Kehle, der Hals
skull	der Schädel
mouth	**der Mund**
to bite	beißen
eyetooth	der Eckzahn
gum	das Zahnfleisch
jaw	der Kiefer
to lick	lecken
lip	die Lippe
palate	der Gaumen
to purse the lips	die Lippen kräuseln
smile	das Lächeln
to smile	lächeln

taste bud	die Geschmacksknospe
tongue	die Zunge
tooth	der Zahn
nose	**die Nase**
aquiline	adlerartig
bridge	der Nasenrücken
hooked	hakenförmig
nostril	das Nasenloch
retroussé, snub	stupsnäsig

LIMB	DAS GLIED
arm	**der Arm**
elbow	der Ellbogen
finger	der Finger
fingernail	der Fingernagel
fist	die Faust
forearm	der Vorderarm
hand	die Hand
handful	die Handvoll
handshake	das Händeschütteln, der Handschlag
index finger	der Zeigefinger
knuckle	der Knöchel
palm	die Handfläche
thumb	der Daumen
wrist	das Handgelenk
leg	**das Bein**
ankle	das Fußgelenk
bow-legged	mit O-Beinen

calf	der Unterschenkel
foot	der Fuß
hamstring	die Achillessehne
heel	die Ferse
instep	der Spann
knee	das Knie
kneecap	die Kniescheibe
to kneel	knien
knock-kneed	mit X-Beinen
lame	gehbehindert
to limp	hinken
to run	rennen
sole	die Sohle
thigh	der Oberschenkel
toe	die Zehe
toenail	der Fußnagel
to walk	gehen
TORSO	DER RUMPF
artery	die Arterie
back	der Rücken
bladder	die Blase
blood	das Blut
bone	der Knochen
brain	das Gehirn
breast	die Brust
to breathe	atmen
buttock	das Gesäß
capillary	das Blutgefäß

cartilage	der Knorpel
chest	der Brustkasten
to excrete	ausscheiden
gland	die Drüse
groin	die Leistengegend
heart	das Herz
heartbeat	der Herzschlag
hip	die Hüfte
joint	das Gelenk
kidney	die Niere
larynx	der Kehlkopf
ligament	das Band
liver	die Leber
lung	die Lunge
muscle	der Muskel
ovary	der Eileiter
penis	der Penis
pulse	der Puls
rib	die Rippe
scar	die Narbe
scrotum	der Hodensack
shoulder	die Schulter
side	die Seite
skeleton	das Skelett
skin	die Haut
spine	das Rückgrat
spleen	die Milz
temperature	die Temperatur
tendon	die Sehne

testicle	der Hoden
urethra	die Harnröhre
to urinate	urinieren
vagina	die Scheide, Vagina
vein	die Vene
waist	die Taille
windpipe	die Luftröhre
womb	der Mutterleib
SENSE	DER SINN
consciousness	**das Bewußtsein**
alert	aufmerksam
asleep	schlafend
to be awake	wach sein
breath	der Atem
to breathe	atmen
breathing	die Atmung
conscious	bei Bewußtsein
to doze	vor sich hindösen
dream	der Traum
to dream	träumen
drowsy	schläfrig
to fall asleep	einschlafen
to be hypnotised	hypnotisiert sein
to lie down	sich hinlegen
nightmare	der Alptraum
to raise	heben
repose	die Ruhe
to rest	sich ausruhen

reverie	die Träumerei
sleep	der Schlaf
to sleep	schlafen
to be sleepy	müde sein
to stand	stehen
to stand up	aufstehen
trance	die Trance
unconscious	bewußtlos
to wake up	aufwachen
(sense of) **hearing**	**das Gehör**
acute	akut, genau
audible	hörbar
clamour	der Lärm
deaf	taub
deaf-mute	taubstumm
deafness	die Taubheit
dull	beschränkt, stumpfsinnig
emphasis	die Betonung
harmony	die Harmonie
to hear	hören
inaudible	unhörbar
intonation	die Sprachmelodie, Intonation
to listen	zuhören
listener	der Zuhörer
loud	laut
music	die Musik
musical (adj)	das Musical (musikalisch)
muted	gedämpft

noise	der Lärm
pitch	die Tonhöhe
quiet	leise
sound	der Klang
tone	der Ton
(sense of) **sight**	**die Sicht**
blind	blind
to blind	blenden, blind machen
blinding	blendend
blindness	die Blindheit
blind spot	der tote Winkel
blurred	verschwommen
bright	hell, strahlend
clear	klar
flickering	flackernd
focus	der Brennpunkt, Blickpunkt
glance	der flüchtige Blick
to glance	flüchtig anblicken
invisible	unsichtbar
light	das Licht
look	der Blick
to look	schauen
to notice	bemerken
to observe	beobachten
opaque	lichtundurchlässig
to see	sehen
seeing	sehend
sharp	scharf
transparent	transparent, durchsichtig

visible	sichtbar
vivid	lebhaft
(sense of) ***smell***	**der Geruchssinn**
appetising	appetitanregend
aroma	das Aroma
aromatherapy	die Aromatherapie
fragrance	der Duft
odour	der Geruch
perfume	das Perfüm
scent	der Duft
smell	der Geruch
to smell (of)	riechen (nach)
stench	der Gestank
stink	der Gestank
sweat	der Schweiß
to sweat	schwitzen
(faculty of) ***speech***	**die Sprache**
to be quiet	schweigen
to be silent	still sein
to deafen	betäuben
deafening	ohrenbetäubend
laugh	das Lachen
to laugh	lachen
laughing adj	lachend
murmur	das Murmeln
to murmur	murmeln
mute	stumm
muted	gedämpft, verstummt
perfect pitch	die perfekte Tonhöhe

raucous	rauh
to say	sagen
saying	der Spruch
to shout	schreien
to sing	singen
to speak	sprechen
to talk	reden
voice	die Stimme
whisper	das Geflüster
to whisper	flüstern
(sense of) **taste**	**der Geschmack**
bitter	bitter
delicious	köstlich
dry	trocken
flavour	das Aroma, der Geschmack
rancid	ranzig
salty	salzig
to savour	genießen
savoury	pikant, salzig
sweet	süß
to taste	schmecken, probieren
to taste (of)	schmecken (nach)
tasting	die Probe
tasty	schmackhaft
(sense of) **touch**	**der Tastsinn**
abrasive	scheuernd
to beat	schlagen
biting	beißend
burning	brennend

to cling	klammern
cold	kalt
damp	feucht
dry	trocken
to feel	fühlen
freezing	frierend
to grasp	ergreifen
to grip	greifen
to handle	hantieren
hot	heiß
to massage	massieren
moist	feucht
to pummel	einschlagen
rough	rauh
sensuous	sinnlich
slippery	glitschig
smooth	glatt
stinging	stechend
to stroke	streicheln
tactile	taktil, tastend
to touch	berühren
warm	warm
wet	naß

THE LAW   DAS GESETZ

to accuse	anklagen
accused	der (die) Angeklagte

Act of Parliament	das verabschiedete Gesetz
to advocate	befürworten
affidavit	die eidesstattliche Erklärung
appeal	die Berufung
to appeal	Einspruch einlegen
appointment	der Termin
bail	die Kaution
to bail	bürgen
bailiff	der Gerichtsvollzieher, die Gerichtsvollzieherin
barrister	der Rechtsanwalt (vor Gericht)
case law	das Recht der Präzedenzfälle
clerk	der (die) Justizangestellte
court	das Gericht
Court of Human Rights (European)	der europäische Gerichtshof für Menschenrechte
defence	die Verteidigung
to defend	verteidigen
defendant	der (die) Angeklagte
deposition	die eidesstattliche Aussage
EC Directive	die EG Directive
evidence	der Beweis
examining magistrate	der Untersuchungsrichter, die Untersuchungsrichterin
illegal	illegal, ungesetzlich
indictment	die Anklage
judge	der Richter, die Richterin

to judge	richten
judgement	das Urteil
judicial review	die Revision
jury	die Geschworenen *f / m pl*
just	gerecht
justice	die Gerechtigkeit
lawyer	der Rechtsanwalt, die Rechtsanwältin
legal	legal
magistrates' court	der Friedensgerichtshof
natural justice	die natürliche Gerechtigkeit
oath	der Eid
to plead	plädieren
precedent	der Präzedenzfall
remand	die Untersuchungshaft
on remand	in Untersuchungshaft behalten
self-defence	die Selbstverteidigung
solicitor	der (Rechts-)Anwalt, die (Rechts-)Anwältin
statement	die Aussage
summons	die Vorladung
to summons	vorladen
to swear	schwören
transcript	das Protokoll
trial	der Prozeß
tribunal	das Schiedsgericht
unjust	ungerecht
witness	der Zeuge, die Zeugin
to (bear) witness	bezeugen

to bequeath	**vererben**
beneficiary	der Begünstigte,
	die Begünstigte
heir	der Erbe
heiress	die Erbin
keepsake	das Andenken
to inherit	erben
inheritance	die Erbschaft
intestate	ohne Testament
in trust	in Treuhand
to make a will	sein Testament machen
will	das Testament
capital punishment	**die Todesstrafe**
electric chair	der elektrische Stuhl
executioner	der Henker, die Henkerin
firing squad	das Schießkommando
gallows	der Galgen
pardon	die Begnadigung
civil law	**das bürgerliche Recht**
arbitration	die Schlichtung
bigamist	der Bigamist, die Bigamistin
bigamy	die Bigamie
to embezzle	unterschlagen
embezzlement	die Unterschlagung
false imprisonment	die Freiheitsberaubung
fault	die Schuld
fraud	der Betrug
illegal	illegal

to infringe	übertreten
injury	die Verletzung
lawsuit	das Gerichtsverfahren
plaintiff	der Kläger, die Klägerin
to protect	schützen
to sue	verklagen
suicide	der Selbstmord
testimony	das Zeugnis
criminal law	**das Strafrecht**
to arrest	verhaften
assault	die Körperverletzung
bandit	der Bandit, die Banditin
blackmail	die Erpressung
to blackmail	erpressen
to commit	begehen
crime	das Verbrechen
handcuff	die Handschelle
to handcuff	Handschellen anlegen
to hold hostage	als Geisel nehmen
kidnap	die Entführung
to kidnap	entführen
to kill	töten
murder	der Mord
to murder	ermorden
murderer	der Mörder, die Mörderin
offence	eine Straftat
rape	die Vergewaltigung
rapist	der Vergewaltiger
to restrain	zurückhalten

restraint	die Zurückhaltung
to steal	stehlen
theft	der Diebstahl
thief	der Dieb, die Diebin
traitor	der Verräter, die Verräterin
treason	der Verrat
verdict	**der Urteilspruch**
to acquit	freisprechen
acquittal	der Freispruch
concurrently	gleichzeitig
to condemn	schuldig sprechen
consecutively	nacheinander
conviction	die Schuldigsprechung
fine	die Geldbuße
guilty	schuldig
to imprison	einsperren
innocent	unschuldig
parole	die bedingte Strafaussetzung
prison	das Gefängnis
prisoner	der (die) Gefangene
prison officer	der Gefängniswärter
to prohibit	verbieten
to rehabilitate	rehabilitieren
release	entlassen
remission	der Erlaß
sentence	das Urteil
to sentence	verurteilen
to serve	dienen
welfare	die Wohlfahrt

adult education	die Erwachsenenbildung
to bind (books)	(Bücher) einbinden
blackboard	die Tafel
boarder	der Internatsschüler,
	die Internatsschülerin
bursary	das Stipendium
campus	der Schulhof, Campus
chalk	die Kreide
class	die Klasse
college	das Kolleg
course	der Kurs
cover (of book)	der Umschlag
day pupil	der Tagesschüler,
	die Tagesschülerin
degree	der (akademische) Grad
desk	der Schreibtisch
doctorate	die Promovierung
to draw	zeichnen
to educate	erziehen, bilden
educational	erzieherisch
educationist	der Pädagoge, die Pädagogin
exercise book	das Schreibheft
to fold	falten
grant	das Stipendium
to grant	bewilligen
higher education	die Hochschulbildung
ink	die Tinte
language lab	das Sprachlabor
lecture	die Vorlesung

lecturer	der Lektor, die Lektorin
lesson	die Lektion
line (eg ruled)	die Linie
marker pen	der Markierstift
mixed education	die gemischte Erziehung
overhead projector	der Overheadprojektor
overhead slide	der Diaprojektor
notebook	das Notizbuch
nursery school	der Kindergarten
page	die Seite
pen	der Federhalter
pencil	der Bleistift
playschool	die Vorschule
primary school	die Grundschule
project	das Projekt
projector	der Projektor
pupil	der Schüler, die Schülerin
ruler	das Lineal
scholarship	das Stipendium
scholarship holder	der Stipendiat
screen	der Bildschirm
secondary education	die höhere Schulbildung
seminar	das Seminar
set	der Satz
sheet of paper	das Blatt Papier
single-sex education	die nach Geschlechtern getrennte Erziehung
stream	der Strom
student	der Student, die Studentin

student loan	der Studienkredit
to study	studieren
to teach	lehren, unterrichten
teacher	der Lehrer, die Lehrerin
tertiary education	die Studienbildung
tutor	der Tutor, die Tutorin
university	die Universität
university life	das Studentenleben
whiteboard	die weiße Tafel
to write	schreiben
current events	**das zeitgenössische Ereignis**
accurate	akkurat, genau
to advertise	werben
advertisement	die Werbung
to announce	ankündigen
announcement	die Ankündigung
article	der Artikel
to be well-informed	gut informiert sein
feature	das Merkmal, Feature
journalist	der Journalist, die Journalistin
magazine	das Magazin
news	die Nachrichten *f pl*
newspaper	die Zeitung
to print	drucken
printer	der Drucker
printing	der Druck
to publish	veröffentlichen
report	der Bericht, die Reportage
to report	berichten

reporter	der Reporter
reporting	das Reporterwesen
rolling news	ununterbrochene Nachrichten
history	**die Geschichte**
alliance	die Allianz
ally	der (die) Alliierte
to ally	sich alliieren, verbünden
archaeologist	der Archäologe, die Archäologin
archaeology	die Archäologie
the Bronze Age	die Bronzezeit
carbon dating	die Radiokohlenstoffdatierung
chivalry	die Ritterlichkeit
civilisation	die Zivilisation
to civilise	zivilisieren
to colonise	kolonisieren
colony	die Kolonie
to conquer	erobern
conqueror	der Eroberer
conquest	die Eroberung
contemporary	zeitgenössisch
the Dark Ages	das dunkle Mittelalter
to decay	verfallen
decline	der Untergang
to decline	untergehen
to destine	bestimmen
destiny	das Schicksal
to diminish	abnehmen

to discover	entdecken
discovery	die Entdeckung
to disturb	stören
document	das Dokument
documentary	der Dokumentarfilm
to emancipate	emanzipieren
emancipation	die Emanzipation
empire	das Reich
to enlarge	vergrößern
event	das Ereignis
to excavate	ausgraben
to explore	erforschen
explorer	der Entdecker, die Entdeckerin
to free	befreien
to happen	sich ereignen
historian	der Historiker, die Historikerin
imperial	kaiserlich, souverän
increase	die Zunahme
to increase	zunehmen
independence	die Unabhängigkeit
the Iron Age	die Eisenzeit
knight	der Ritter
liberator	der Befreier
the Middle Ages	das Mittelalter
missionary	der Missionar, die Missionarin
oral tradition	die mündliche Überlieferung
piracy	die Piraterie
pirate	der Pirat, die Piratin
power	die Macht

powerful	mächtig
rebel	der Rebell
rebellion	die Rebellion
Reformation	die Reformation
renowned	berüchtig
rising	der Aufstand
romance	die Romanze
slave	der Sklave, die Sklavin
slavery	die Sklaverei
source	die Quelle
the Stone Age	die Steinzeit
territory	das Gebiet
trade	der Handel
treasure	der Schatz
language	**die Sprache**
article	der Artikel
chapter	das Kapitel
colon	der Doppelpunkt
comedy	die Komödie
comical	komisch
comma	das Komma
conversation	die Unterhaltung
to converse	sich unterhalten
to correspond	korrespondieren
correspondence	der Briefwechsel, die Korrespondenz
critic	der Kritiker, die Kritikerin
criticism	die Kritik
to describe	beschreiben

description	die Beschreibung
dictionary	das Wörterbuch
drama	das Drama
elocution	die Vortragskunst
eloquence	die Beredsamkeit
eloquent	beredsam
epic	das Epos
example	das Beispiel
exclamation mark	das Ausrufezeichen
to express	ausdrücken
expressive	ausdrucksvoll
extract	der Auszug
to extract	herausziehen
fable	die Fabel
full stop	der Punkt
grammar	die Grammatik
idiom	die Wendung
idiomatic	idiomatisch
imagination	die Vorstellungskraft
to imagine	sich vorstellen
to interpret	dolmetschen
interpretation	die Interpretation
interpretative	interpretierend
interpreter	der Dolmetscher
letter (of alphabet)	der Buchstabe
letter (correspondence)	der Brief
line (eg of poetry)	die Zeile
literal	wörtlich

literary	literarisch
literature	die Literatur
to mean	bedeuten
meaning	die Bedeutung
metaphor	die Metapher
to name	nennen
noun	das Hauptwort, das Substantiv
object	der Gegenstand, das Objekt
orator	der Redner
paraphrase	die Umschreibung
to paraphrase	umschreiben
picaresque	der Reisebericht
poetry	die Dichtung
précis	die Zusammenfassung
to pronounce	aussprechen
question mark	das Fragezeichen
quotation	das Zitat
to quote	zitieren
semi-colon	der Strichpunkt
sentence	der Satz
simile	ähnlich
speech (given)	die Rede
speech (faculty of)	die Sprache
to spell	schreiben
spelling	die Rechtschreibung
stanza	die Stanze, der Vierzeiler
subject	das Subjekt
syllable	die Silbe

talkative	gesprächig
tragedy	die Tragödie
to translate	übersetzen
translation	die Übersetzung
translator	der Übersetzer
to understand	verstehen
verse	der Vers
vocabulary	das Vokabular
voice	die Stimme
word	das Wort

see also **CULTURE**, LITERATURE, *p57*

the learning curve	**die Lernkurve**
absent-minded	abwesend
to absorb	aufnehmen, absorbieren
admiration	die Bewunderung
to admire	bewundern
to approve	billigen
to annotate	anmerken
annotation	die Anmerkung
answer	die Antwort
to answer	antworten
to ask (a question)	fragen
to ask for	bitten um
attention	die Aufmerksamkeit
attentive	aufmerksam
to be able (to), can	können, vermögen
to be attentive	aufpassen
to attract	anziehen
attractive	attraktiv

to behave	sich verhalten
blame	die Beschuldigung
to blame	beschuldigen
to comprehend	verstehen
comprehension	das Verständnis
conduct	das Verhalten
to copy	kopieren
to correct	korrigieren, verbessern
correction	die Verbesserung, Korrektur
to cram (for an exam)	büffeln
crammer	der Büffeler, die Büffelerin
to deserve	verdienen
to develop	entwickeln
difficult	schwierig
difficulty	die Schwierigkeit
to disapprove	mißbilligen
disobedience	die Unfolgsamkeit
disobedient	unfolgsam
to disobey	nicht gehorchen
ease	die Leichtigkeit
easy	leicht
effort	die Bemühung
to endeavour	sich anstrengen
essay	der Aufsatz, der Essai
essayist	der Essayist
examination	die Prüfung
to examine	prüfen
examiner	der Prüfer, die Prüferin

to exclaim	ausrufen
exercise	die Übung
to exercise	üben
to explain	erklaren
explanation	die Erklärung
to forget	vergessen
forgetful	vergeßlich
forgetfulness	die Vergeßlichkeit
to graduate	graduieren
hard-working	arbeitsam
to have to, must	müssen
holidays	die Ferien
homework	die Hausaufgabe
idea	die Idee
inattention	die Unaufmerksamkeit
inattentive	unaufmerksam
to indicate	anzeigen
indication	der Hinweis
to interest	interessieren
interesting	interessant
join	die Verbindung
to join	sich zusammentun
laziness	die Faulheit
to learn	lernen
lenience	die Milde
lenient	mild
(to be) let off	davon kommen
mark	die Note
to mark	benoten

to misbehave	sich schlecht benehmen
to note	bemerken
to note down	notieren
obedience	die Folgsamkeit
obedient	folgsam
to obey	gehorchen
to pass an exam	eine Prüfung bestehen
to point out	auf etwas hinweisen
practice	die Übung
to practise	üben
praise	das Lob
to praise	loben
prize	der Preis
progress	der Fortschritt
to make progress	Fortschritte machen
proof	der Beweis
to prove	beweisen
to punish	bestrafen
punishment	die Strafe
reference	der Hinweis
to relate to	sich beziehen auf
remarkable	bemerkenswert
to reward	belohnen
severity	die Strenge
to sit an exam	eine Prüfung machen
strict	streng
studious	lernbegierig
to swot	abschreiben
task	die Aufgabe

thematic	thematisch
theme	das Thema
thesis	die These
thesis supervisor	der Doktorvater
to think	denken
threat	die Drohung
to threaten	drohen
together	gemeinsam
to try	versuchen
to understand	verstehen
understanding	das Verständnis
vacancy	die freie Stelle
work	die Arbeit
to work	arbeiten
mathematics	**die Mathematik** *f sing*
acute (angle)	spitz
to add	addieren
addition	die Addition
algebra	die Algebra
angle	der Winkel
arc	der Bogen
arithmetic	das Rechnen
binary	binär
brackets	die Klammer
to calculate	berechnen
calculation	die Berechnung
calculator	der Tschenrechner
calculus	die Differenzialrechnung
centre	das Zentrum

circle	der Kreis
circumference	der Umfang
to complicate	komplizieren
correct	richtig
cosine	der Cosinus
to count	zählen
curved	gebogen
decimal	der Dezimalbruch
decimal place	die Dezimalstelle
to demonstrate	demonstrieren
diameter	der Durchmesser
to divide	dividieren, teilen
division	die Teilung, Division
divisor	der Teiler, Divisor
double	doppelt
dozen	das Dutzend
equal	gleich
equality	die Gleichheit
factor	der Faktor
figure	die Ziffer
fraction	der Bruch
geometry	die Geometrie
half	die Hälfte
horizon	der Horizont
horizontal	horizontal
incorrect	falsch
integer	die ganze Zahl
logarithm	der Logarithmus
mental arithmetic	das Kopfrechnen

minus	minus
multiplication	die Multiplikation
to multiply	multiplizieren
number	die Zahl
obtuse (angle)	stumpf
parallel	parallel
part	der Teil
perpendicular	vertikal
plus	plus
problem	die Aufgabe
to produce	produzieren
producer	der Produzent
product	das Produkt
quarter	das Viertel
quotient	der Quotient
radius	der Radius
remainder	der Rest
result	das Ergebnis
to result	ergeben
right angle	der rechte Winkel
simple	einfach
sine	der Sinus
to solve	lösen
space	der Raum
spacious	geräumig
square	das Quadrat
straight	gerade
to subtract	abziehen, subtrahieren
subtraction	die Subtraktion

tangent	die Tangente
third	das Drittel
triangle	das Dreieck
triple	dreifach
wrong	falsch
zero	die Null
measurement	**die Messung, das Maß**
acre	der Acre
centimetre	der Zentimeter
to compare	vergleichen
comparison	der Vergleich
to contain	enthalen
contents	der Inhalt
decilitre	der Deziliter
foot	der Fuß
gramme	das Gramm
half (eg of litre)	halb
heavy	schwer
hectare	der Hektar
hectogramme	das Hektogramm
inch	der Zoll
kilogramme	das Kilogramm
kilometre	der Kilometer
light	leicht
litre	der Liter
long	lang
measure	das Maß
to measure	messen
metre	der Meter

metric system	das metrische System
mile	die Meile
millimetre	der Millimeter
scales	die Waage *sing*
short	kurz
ton	die Tonne
to weigh	wiegen
weight	das Gewicht
weights	die Gewichtsmaße *nt pl*
yard	das Yard
physical geography	**die Geographie, Erdkunde**
atlas	der Atlas
compass	der Kompaß
contours	die Höhenlinien *f pl*
doldrums	die Flaute
east	der Osten
Equator	der Äquator
magnetic north	der magnetische Norden
map	die Karte
meridian	der Meridian
latitude	der Breitengrad
longitude	der Längengrad
north	der Norden
northern hemisphere	die nördliche Erdhalbkugel
North Pole	der Nordpol
orienteering	das Orientierungsrennen
projection (eg Mercator's)	die Projektion

south	der Süden
southern hemisphere	die südliche Erdhalbkugel
South Pole	der Südpol
temperate zone	die gemäßigte Klimazone
tropics	die Tropen *nt pl*
west	der Westen

see **NATURE** *p157ff* for topographical features

political geography	**die politische Geographie**
to approach	sich nähern
border, frontier	die Grenze
citizen	der Bürger, die Bürgerin
city	die Stadt
compatriot	der Landsmann
country	das Land
to determine	bestimmen
distance	die Entfernung
distant	entfernt
emigrant	der (die) Auswanderer(in)
to emigrate	auswandern
ethnic	ethnisch
expatriate adj	ausgebürgert
immigrant	der (die) Einwanderer(in)
limit	die Grenze
nation	die Nation, der Staat
nationalism	der Nationalismus
nationalist	der (die) Nationalist(in)
nationality	die Staatsbürgerschaft
near	nahe

neighbour	der Nachbar, die Nachbarin
parish	die Gemeinde
parochial adj	Gemeinde-
parochial council	Gemeinderat
patriot	der Patriot, die Patriotin
patriotic	patriotisch
people	die Leute
to people	bevölkern
place	der Ort
population	die Bevölkerung
populous	volkreich
province	die Provinz
provincial	provinziell
race (of people)	die Rasse
region	die Region, die Gegend
town	die Stadt
tribal	Stammes-
tribe	der Stamm
village	das Dorf
villager	der Dorfbewohner, die Dorfbewohnerin
visa	das Visum
work permit	die Arbeitserlaubnis
SCIENCE	DIE WISSENSCHAFT
conclusion	die Schlußfolgerung
to demonstrate	zeigen, beweisen
demonstration	die Demonstration, Vorführung

engineer	der Ingenieur
to engineer	konstruieren
engineering	das Ingenieurwesen, die Technik
experience	die Erfahrung
hypothesis	die Hypothese
to hypothesise	eine Hypothese aufstellen
hypothetical	hypothetisch
(to be) ignorant of	nichts wissen von
inexperience	der Erfahrungsmangel
irrational	irrational
to know (a fact)	wissen
to know (a person)	kennen
knowledge	das Wissen
method	die Methode
rational	rational
sage	der (die) Weise
scientific	wissenschaftlich
scientist	der Wissenschaftler, die Wissenschaftlerin
theoretical	theoretisch
theory	die Theorie
wisdom	die Weisheit
wise	weise
biology	**die Biologie**
animal testing	der Tierversuch
biological	biologisch
biologist	der Biologe, die Biologin
classification	die Klassifikation
to classify	klassifizieren

to curate	pflegen
curator	der Kurat, der Direktor, die Direktorin
to dissect	sezieren
genetic modification	die Genmanipulation
identification	die Identifizierung
to identify	identifizieren
lens	die Linse
microscope	das Mikroskop
pest	die Pest
preservative	das Konservierungsmittel
to preserve	bewahren, erhalten
quarantine	die Quarantäne
to research	untersuchen
researcher	der Forscher, die Forscherin
specimen	das Exemplar
systematist	der (die) Systematiker(in)
taxonomist	der Taxonomist
botany	**die Botanik**

see **PLANTS** *p185*

chemistry	**die Chemie**
chemical	chemisch
to compose	zusammensetzen
compound	die Verbindung
to decompose	(sich) zersetzen
element	das Element
experiment	der Versuch, das Experiment
hydrogen	der Wasserstoff
inorganic	unorganisch

laboratory	das Labor
mixed	gemischt
mixture	die Mischung
organic	organisch
oxygen	der Sauerstoff
periodic table	die Periodentafel
physics	**die Physik**
absolute zero	der absolute Nullpunkt
atom	das Atom
to attract	anziehen
cryogenics	die Tieftemperaturtechnik
electric	elektrisch
electricity	die Elektrizität
electron	das Elektron
fission	die Spaltung
force	die Kraft
fusion	die Fusion
heavy metal	das Schwermetall
heavy water	das schwere Wasser
immobile	unbeweglich
to invent	erfinden
invention	die Erfindung
magnetism	der Magnetismus
matter	die Materie
mechanics	die Mechanik
mobile	beweglich
to move	(şich) bewegen
movement	die Bewegung
muon	das Muon

nucleus	der Kern
optical	optisch
optics	die Optik
phenomenon	das Phänomen
photon	das Photon
physical	physikalisch
positron	das Positron
pressure	der Druck
quantum	der Betrag, der Quant
quark	das Quark
to reflect	spiegeln
reflection	die Reflektion
to refract	brechen
refraction	die Brechung
to repel	abstoßen
strange	merkwürdig

MONEY   **DAS GELD**

accounts	**die Konten**
to acknowledge receipt	quittieren
to advance (money)	vorauszahlen, leihen
audit	die Rechnungsprüfung
to audit	(rechnungs)prüfen
to balance	übereinstimmen
balance sheet	die Bilanz
bookkeeping	die Buchhaltung

cash on delivery	Zahlung per Nachname
cost	die Kosten *f (always in plural)*
to cost	kosten
credit	der Kredit
date	das Datum
to date	datieren
debit	abbuchen
to deduct	abziehen
discount	der Rabatt
due	fällig
expenditure	die Ausgaben *f pl*
to fall due	fällig werden
free of charge	kostenlos
general income	die Einnahmen *f pl*
gross	bruto
in advance	im voraus
to inform	unterrichten
invoice	die Rechnung
loan	das Darlehn
loss	der Verlust
net	netto
to pay	zahlen
payable on sight	auf Sicht zahlbar
payment	die Bezahlung
price	der Preis
price list	die Preisliste
profit	der Gewinn
quantity	die Menge
to receive	erhalten

retail	der Einzelhandel
salary	das Gehalt
to sign	unterschreiben
signature	die Unterschrift
to spend	ausgeben
trial balance	die Probebilanz
wages	der Lohn
warning	die Warnung
wholesale	der Großhandel
auction	**die Auktion**
to acquire	erwerben
auction	die Versteigerung, die Auktion
to auction	versteigern
auctioneer	der Auktionär, die Auktionärin
to bid	bieten
bidder	der Bieter, die Bieterin
to buy	kaufen
buyer	der Käufer, die Käuferin
buyer's fee	die Kaufgebühr
catalogue	der Katalog
client	der Kunde, die Kundin
clientèle	die Kundschaft
identification	die Identifikation
lot	die Partie
paddle	das Gebotsschild
to possess	besitzen
purchase	der Kauf
to purchase	kaufen

reserve price	der Mindestpreis
sale	der Verkauf
to sell	verkaufen
seller	der Verkäufer, die Verkäuferin
seller's fee	die Verkaufsgebühr
telephone bid	das telefonische Gebot
see also **CULTURE**, ARTS, **antique** *p43*	
investment	**die Investition**
bearish	baissierend
blue-chip adj	erstklassig
bond(s)	die Anleihe (die Anleihen)
bonus	der Bonus
bullish	haussierend
capital	das Kapital
endowment	die Stiftung, die gemischte Lebensversicherung
equities	das Dividendenpapier
financial advisor	der Finanzberater
gilts	die mündelsicheren Staatspapiere *nt pl*
insurance	die Versicherung
to invest	investieren, anlegen
investment	die Investition, Geldanlage
investment trust	die Kapitalgesellschaft
life insurance	die Lebensversicherung
share	die Aktie
shareholder	der Aktionär
stockbroker	der Börsenmakler

stock exchange	die Börse
term insurance	die zeitlich begrenzte Lebensersicherung
unit-linked	an eine Unit gekoppelt
unit trust	der offene Investmentfonds, der Unit-Trust
windfall	der unverhoffte Gewinn
with-profits	mit Gewinnanteil
personal finance	**die persönlichen Finanzen**
bank	die Bank
bank account	das Bankkonto
bank book	das Bankbuch, Sparbuch
bank card	die Kontoführungskarte
banker	der Bankier
banking	das Bankwesen
banknote	der Geldschein
to go bankrupt	in Konkurs gehen
bankruptcy	der Konkurs
bargain	das Sonderangebot
to bargain, haggle	handeln
to be generous	großzügig sein
to be mean	gemein sein
to borrow	borgen, leihen
for cash	gegen Bargeld
to cash a cheque	einen Scheck einlösen
cashier	der Kassierer, die Kassiererin
cheap	billig
coin	die Münze
credit card	die Kreditkarte

creditor	der Gläubiger
current account	das Girokonto
debt	die Schuld
to be in debt	verschuldet sein
to get into debt	Schulden machen
debtor	der Schuldner, die Schuldnerin
deposit	die Kaution
to deposit	einzahlen, anlegen
deposit account	das Sparkonto
draft	der Wechsel
exchange	der Kurs
to exchange	wechseln
exchange rate	der Wechselkurs
expensive	teuer
income	das Einkommen
income tax	die Einkommensteuer
by instalments	auf Raten
interest	das Vermögen
to lease	verpachten
to lend	leihen
to obtain	erhalten
on credit	auf Kredit
to owe	schulden
to prepare	vorbereiten
rate	der Satz
receiver	der Konkursverwalter
to save (money)	sparen
savings bank	die Sparkasse
savings book	das Sparbuch

second-hand	aus zweiter Hand
to squander	vergeuden
value	der Wert
to value	bewerten
worth adj	wert *adj*
to be worth	wert sein
poverty	**die Armut**
to beg	betteln
beggar	der Bettler, die Bettlerin
credit union	die Kreditgenossenschaft
destitute	mittellos
disadvantaged	unterprivilegiert
to eke out	strecken
to endure	erdulden
eviction	die Räumung
homeless	obdachlos
hostel	die Herberge
malnourished	unterernährt
miserable	elend
misery	das Elend
necessity	die Notwendigkeit
to need	brauchen
penniless	mittellos, ohne einen Pfennig
penny	der Penny
poor	arm
squatter	der Hausbesetzer, die Hausbesetzerin
to suffer	leiden

victim	das Opfer
wealth	**der Reichtum**
arbitrage	der Kursunterschied
arbitrageur	der Arbitragehändler, die Arbitragehändlerin
bullion	der Goldbarren
dollar	der Dollar
economics	die Wirtschaftslehre
economist	der Betriebswirt, Volkswirt; die Betriebswirtin, Volkswirtin
to enjoy	genießen, sich amüsieren
enterprise	das Unternehmen
entrepreneur	der Unternehmer, die Unternehmerin
euro	der Euro
financier	der Financier
foreign currencies	die Fremdwährung
to be fortunate	Glück haben
fortune	das Vermögen
franc (Swiss franc)	der Franc (der Franken)
fund management	die Fondsverwaltung
to get rich	reich werden
hedge fund	der Risikofonds
inflation	die Inflation
ingot	der (Gold-)Barren
leverage	die Kreditaufnahme zu Anlagezwecken, das Leverage
mark	die Mark
mint	die Münzstätte

to mint	prägen
money market	der Geldmarkt
pound sterling	Pfund Sterling
property	das Eigentum
rental income	die Mieteinnahme
rentier	der Vermieter, Rentier
rich	reich
schilling	der Schilling
speculation	die Spekulation
speculator	der Spekulant
wealthy	wohlhabend

NATURE DIE NATUR

ASTRONOMY	DIE ASTRONOMIE
asteroid	der Asteroid
astrology	die Astrologie
astronomer	der Astronom,
	der Sternenkundige
aurora borealis	das Nordlicht
Big Bang theory	die Big-Bang-Theorie
brilliance	die Leuchtkraft
comet	der Komet
constellation	das Sternbild,
	die Konstellation
to create	schaffen
creation	die Schöpfung
dawn	die Morgendämmerung

to dawn	dämmern
dusk	die Abenddämmerung
eclipse	die Sonnenfinsternis
the evening star	der Abendstern
galaxy	die Galaxie
the Great Bear	der große Bär
to grow dark	dunkel werden
light year	das Lichtjahr
meteor	der Meteorit
the Milky Way	die Milchstraße
observatory	die Sternwarte, das Observatorium
Orion	der Orion
the Plough	der große Wagen
radiant	strahlend
to radiate	strahlen
ray	der Strahl
to rise	aufgehen
to set (sun)	untergehen
to shine	leuchten
shining	leuchtend
sky	der Himmel
star	der Stern
starry	sternenübersäht
sunrise	der Sonnenaufgang
sunset	der Sonnenuntergang
supernatural	übernatürlich
telescope	das Teleskop
to twinkle	funkeln

UFO	das UFO (unbekannte Flugobjekt)
world	die Welt
the planets	**die Planeten** *m pl*
Earth	die Erde
gravity	die Schwerkraft
Jupiter	der Jupiter
Mars	der Mars
Mercury	der Merkur
Moon	der Mond
Neptune	der Neptun
orbit	die Umlaufbahn
to orbit	umkreisen
Pluto	der Pluto
satellite	der Satellit
Saturn	der Saturn
Sun	die Sonne
sunspot	der Sonnenflecken
Uranus	der Uranus
Venus	die Venus
weightless	schwerelos
COAST	DIE KÜSTE
bay	die Bucht
beach	der Strand
cape	das Kap
causeway	der Damm
cliff	das Kliff
coastal	Küsten-

current	die Strömung
deep	tief
depth	die Tiefe
ebb tide	die Ebbe
flood tide	die Flut
foam	die Gischt
gulf	der Meerbusen
high tide	die Flut
island	die Insel
isthmus	die Landenge
low tide	die Ebbe
promontory	das Vorgebirge
rock pool	die Felsenbucht
sand	der Sand
sea	die See, das Meer
sea spray	das Ufer
shore	die Küste
stony	steinig
straits	die Meerenge *sing*
strand	die Kette, der Strang
surf	die Brandung
tides	die Gezeiten *pl*
wave	die Welle
COUNTRYSIDE	DAS LAND
alluvial adj	angeschwemmt
col	der Bergsattel
crag	die Felsspitze
desert	die Wüste

deserted	verlassen
dune	die Düne
earthquake	das Erdbeben
eruption	der Ausbruch
estuary	die Mündung
fertile	fruchtbar
flat	flach
fumarole	die Fumerole
hill	der Hügel, der Berg
hot spring	die heiße Quelle
a knoll	die Anhöhe
lake	der See
land	das Land
level	eben
marsh	das Marschland
marshy	sumpfig
mountain	der Berg
mountainous	bergig
natural	natürlich
peak	die Spitze, der Gipfel
plain	die Ebene
pond	der Teich
quicksand	der Treibsand
range of mountains	die Bergkette
river	der Fluß
rock	der Felsen
slope	der Abhang
spa	die Mineralquelle
spring	die Quelle

steep	steil
stream	das Flüßchen
summit	der Gipfel
a swamp	ein Sumpf *m*
tor	die Felsenspitze
tundra	die Tundra
undulating	Wellen-, wellig
valley	das Tal
volcano	der Vulkan
waterfall	der Wasserfall

THE ENVIRONMENT	DIE UMWELT
concerns	**betrifft**
to consume	verbrauchen
consumerism	die Konsumgesellschaft
consumerist	das Mitglied der Konsumgesellschaft
distribution	die Verteilung
transportation	der Transport
environmental	**ökologisch**
bicycle	das Fahrrad
conservation	der Umweltschutz
to conserve	schützen
eco-friendly	umweltfreundlich
ecologist	der Ökologe, die Ökologin
ecology	die Ökologie
ecosystem	das Ökosystem
eco-warrior	der Umweltkämpfer, die Umweltkämpferin

environmentalism	die Ökologie
environmentalist	der Ökologe, die Ökologin
habitat	der Lebensraum
vegan adj	vegan
(noun)	(der Veganer, die Veganerin)
vegetarian adj	vegetarisch (der Vegetarier,
(noun)	die Vegetarierin)
wildlife	das Tierreich
fossil fuels	**die fossilen Brennstoffe** *m pl*
anthracite	der Anthrazit
coal	die Kohle
gas	das Gas
oil	das Öl
rig	der Förderturm
sedimentary (adj)	das Sediment (sedimentär)
shale	der Schiefer
slag heap	die Schlacke(nhalde)
spoil (waste)	der Abraum
industrial waste	**der Industriemüll**
asbestos	der Asbest
biodegradable	biologisch abbaubar
build-up	die Zunahme
chemical run-off	der chemische Ablauf
heavy metals	die Schwermetalle *nt pl*
industrialised	industrialisiert
landfill	die Deponie
to recycle	recyceln
recycling	das Recycling
rubbish	der Abfall

rubbish tip	der Müllhaufen
sewage	das Abwasser
toxic waste	der Giftmüll
waste	die Verschwendung
to waste	verschwenden
water table	der Grundwasserspiegel
light pollution	**die leichte Verschmutzung**
street lighting	die Straßenbeleuchtung
noise	**der Lärm**
decibel	das Dezibel
noise pollution	die Lärmbelästigung
to soundproof	lärmdicht machen
nuclear energy	**die Kernenergie**
critical mass	die kritische Masse
disaster	die Katastrophe
fallout	der Fallout
fission	die Spaltung
fusion	die Fusion
half-life	die Halbwertszeit
leak	das Leck
plutonium	das Plutonium
radiation	die Strahlung
radioactive	radioaktiv
reactor	der Reaktor
secure	sicher
transportation	der Transport
uranium	das Uran
pollution	**die Umweltverschmutzung**
acid rain	der saure Regen

atmosphere	die Atmosphäre
carbon dioxide	das Kohlendioxid
to deforest	entwalden
deforestation	die Entwaldung
emission	die Aussendung
greenhouse effect	der Treibhauseffekt
harmful	schädlich
hole	das Loch
oil slick	der Ölteppich
oil spill	die Öllache
ozone layer	die Ozonschicht
particulates	zu Partikeln reduzieren
to poison	vergiften
poisonous	giftig
pollutant	das Umweltgift
to pollute	(die Umwelt) belasten
rainforest	der Regenwald
smog	der Smog
spill	das Überlaufen
toxic	toxisch
unleaded petrol	das bleifreie Benzin
renewable	**erneuerbar**
hydroelectricity	die Wasserelektrizität
resource	die Quelle, Ressource
solar panel	der Sonnenkollektor
underdeveloped	unterentwickelt
wave energy	die Wellenenergie
wind energy	die Windenergie
windmill	die Windmühle

MINERALS	DIE MINERALE *nt pl*
metal	**das Metall**
acid	die Säure
acidity	der Säuregrad
alkali	das Alkali
alkaline	alkalisch
alloy	die Legierung
aluminium	das Aluminium
to anneal	ausglühen
bar	der Barren
base adj	niedrig
brass	das Messing
bronze	die Bronze
to cast	gießen (Eisen)
chrome	das Chrom
copper	das Kupfer
element	das Element
to exploit	abbauen
to extract	gewinnen
forge	die Schmiede, das Hüttenwerk
to forge	schmieden
industry	die Industrie
ingot	der Ingot
iron	das Eisen
iron adj	eisern
iron pyrites (fool's gold)	der Eisenkies
lead	das Blei

to make an alloy	legieren
mine	die Mine
to mine	bergbauen
miner	der Grubenarbeiter
mining (industry)	der Bergbau
mould	die Form
to mould	formen
nickel	das Nickel
ore	das Erz
plutonium	das Plutonium
radium	das Radium
rust	der Rost
rusty	rostig
to smelt	schmelzen
to solder	löten
steel	der Stahl
sulphur	der Schwefel
to temper	anlassen
tin	das Zinn
to weld	schweißen
zinc	das Zink

STONE	DER STEIN
basalt	der Basalt
to carve	schnitzen, meißeln
chalk	die Kreide
clay	der Ton
conglomerate	das Konglomerat
granite	der Granit

igneous adj	feurig
lime	der Kalk
limestone	der Kalkstein
marble	der Marmmor
metamorphic adj	metamorph
obsidian	der Obsidian
to polish	polieren
polished	poliert
pumice	der Bimstein
quarry	der Steinbruch
quicklime	der ungelöste Kalk
rock	der Fels
sandstone	der Sandstein
to sculpt	skulpt(ur)ieren
sculpture	die Skulptur
smooth	glatt
precious	**wertvoll**
carat	das Karat
claw (setting)	die Fassung
diamond	der Diamant
emerald	der Smaragd
enamel	das Email
engraved	eingraviert
facet	die Facette
flaw	der Makel
flawless	makellos
gold	das Gold
jewel	der Edelstein
jewellery	der Schmuck

pearl	die Perle
platinum	das Platin
to refine	verfeinern
ruby	der Rubin
sapphire	der Saphir
silver-gilt	das vergoldete Silber
semi-precious	**der Halbedelstein**
agate	der Agat
amber	der Bernstein
amythyst	der Amethyst
aquamarine	der Aquamarin
bead(s)	die Perlen *f pl*
beryl	der Beryll
bloodstone	der Blutstein
cabuchon	der Cabochon
cameo	die Kamee
chalcedony	der Chalzedon
citrine	der Zitrin
faience	das ägyptische blaue Glas
garnet	der Granat
hallmark	der Feingehaltsstempel
intaglio	die Steinschneidekunst
jade	die Jade
jasper	der Jaspis
jet	der Jett
lapis-lazuli	der Lapislazuli
moonstone	der Mondstein
mother-of-pearl, *nacre*	das Perlmutt

onyx	der Onyx
opal	der Opal
opaque	lichtundurchlässig
paste	der Straß, die Similisteine *m pl*
peridot	der Peridot
quartz	der Quartz
silver	das Silber
tiger's eye	das Tigerauge
tourmaline	der Turmalin
translucent	durchscheinend
transparent	durchsichtig
turquoise	der Türkis

WEATHER	DAS WETTER
air	die Luft
barometer	das Barometer
breeze	die Brise
to clear up	sich aufklären
climate	das Klima
cloud	die Wolke
to cloud over	sich bewölken
cloudy	wolkig
cool, fresh	kühl, frisch
damp	feucht
dampness	die Feuchtigkeit
degree	der Grad
draught	der Luftzug
to drench	durchnässen
drop	der Tropfen

drought	die Trockenheit
dry	trocken
to dry	austrocknen, trocknen
fine, fair	schön
to flash	blitzen
flood	die Flut
to flood	überfluten
fog	der Nebel
foggy	neblig
forked lightning	der gegabelte Blitz
to freeze	frieren
frost	der Frost
frozen	gefroren
glacier	der Gletscher
to hail	hageln
hailstone	der Hagel
to harm	schaden
harmful	schädlich
heatstroke	der Hitzeschlag
heatwave	die Hitzewelle
hurricane	der Orkan, Wirbelsturm
ice	das Eis
iceberg	der Eisberg
ice cap	die Eiskappe
ice floe	die Eisscholle
icicle	der Eiszapfen
lightning	der Blitz
lightning conductor	der Blitzableiter

mist	der Dunst, der Nebelschleier
misty	dunstig
rain	der Regen
to rain	regnen
rainbow	der Regenbogen
rainy	regnerisch
sheet lightning	der Flächenblitz
shower	der Schauer
snow	der Schnee
to snow	schneien
snowfall	der Schneefall
snowstorm	der Schneesturm
to soak	einweichen, naß machen
storm	der Sturm
stormy	stürmisch
sultry	schwül
sunburn	der Sonnenbrand
tan	die Bräune
tempest	der Sturm
thaw	das Tauwetter
to thaw	tauen
thermometer	das Thermometer
thunder	der Donner
to thunder	donnern
thunderbolt	der Blitzschlag
wet	naß
to wet	befeuchten
wind	der Wind
windy	windig

character	der Charakter
addicted	abhängig
affection	die Zuneigung
affectionate	liebevoll
to affirm	bejahen
to be afraid	Angst haben
anger	der Ärger
to astonish	erstaunen
anxiety	die Angst, die Unruhe
audacious	kühn
audacity	die Kühnheit
to become accustomed	sich daran gewöhnen
to become angry	ärgerlich werden
to boast (about something)	sich (einer Sache) rühmen
boldness	der Wagemut
calm	die Ruhe
calm adj	ruhig
characteristic, trait	die Characteristik, der Zug
charitable	nächstenliebend
cheerful	fröhlich
cheerfulness	die Fröhlichkeit
to comfort	trösten
to complain	sich beschweren
complaint	die Beschwerde
consolation	der Trost
consoling	tröstlich
contempt	die Verachtung

contemptuous	verächtlich
contented	zufrieden
courtesy	die Höflichkeit
coward	der Feigling
cowardice	die Feigheit
cowardly	feige
to dare	wagen
daring	waghalsig
defect	der Mangel
demanding	anspruchsvoll
to deny	veneinen
depressed	deprimiert
desire	die Sehnsucht
to desire	ersehnen
despair	die Verzweiflung
to despair	verzweifeln
discontent	die Unzufriedenheit
discontented	unzufrieden
to discourage	abraten
dishonest	unehrlich
dishonour	die Ehrlosigkeit
to dishonour	beleidigen
disloyal	unloyal
displeased	unerfreut
disposition, temper	die Veranlagung, das Temperament
doubt	der Zweifel
doubtful	zweifelhaft
egoist	der Egoist

to encourage	ermuntern
enemy	der Feind, die Feindin
enjoyment	der Genuß
envy	der Neid
esteem	die Achtung
to esteem	achten
expectation	die Erwartung
extrovert	extrovertiert
faithful	treu
faithfulness	die Treue
fault	der Fehler
favour	der Gefallen
favourable	günstig
fear	die Angst, die Furcht
fearless	furchtlos
frank	offen
frankness	die Offenheit
friend	der Freund, die Freundin
friendly	freundlich
friendship	die Freundschaft
to frighten	erschrecken
(to be) frightened	Angst (haben)
frightful	ängstlich
generosity	die Großzügigkeit
generous	großzügig
good	gut
goodness	die Güte
grateful	dankbar
gratitude	die Dankbarkeit

greed	die Habsucht
to grieve	trauern
habit	die Gewohnheit
happiness	das Glück
happy	glücklich
to hate	hassen
hateful	verhaßt
hatred	der Haß
hedonistic	hedonistisch
to hesitate	zögern
honest	ehrlich
honesty	die Ehrlichkeit
honour	die Ehre
to honour	ehren
honourable	ehrbar
hope	die Hoffnung
humble	demütig
humility	die Demut
hypocrite	der Scheinheilige
hypocritical	scheinheilig
impiety	die Gottlosigkeit
impolite	unhöflich
in a bad mood	schlechter Laune
in a good mood	guter Laune
incapable	unfähig
ingratitude	die Undankbarkeit
jealous	eifersüchtig
kind	nett
loyal	loyal

lust	die Lust
mercy	die Gnade
miser	der Geizhals
modesty	die Bescheidenheit
mood	die Laune
(to be) necessary	nötig (sein)
obstinacy	die Starrköpfigkeit
(to be) obstinate	starrköpfig (sein)
offence	die Kränkung
to offend	kränken
optimist	der Optimist
optimistic	optimistisch
pain	der Schmerz
painful	schmerzhaft
pessimist	der Pessimist
pessimistic	pessimistisch
piety	die Frömmigkeit
pity	das Mitleid
to please	gefallen
pleasure	das Vergnügen
polite	höflich
pride	der Stolz
proud	stolz
punctuality	die Pünktlichkeit
quality	die Qualität, die Eigenschaft
to quarrel	streiten
reckless	achtlos
to rejoice	sich freuen
remorse	die Schraube

renown	berühmt *adj*
to repent	büßen
repentance	die Buße
restless	rastlos
revenge	die Rache
to revenge	rächen
rude	unverschämt
rudeness	die Unverschämtheit
sad	traurig
sadness	die Traurigkeit
security	die Sicherheit
selfish	egoistisch
selfishness	der Egoismus
sensual	sinnlich
sensuality	die Sinnlichkeit
sentiment	das Gefühl
shame	die Scham
shameful	schamhaft
sigh	der Seufzer
to sigh	seufzen
sincere	ehrlich
sincerity	die Ehrlichkeit
sober	nüchtern
sobriety	die Nüchternheit
stingy	geizig
talent	das Talent
temperamental	eigenwillig
to terrify	erschrecken
terror	der Schrecken, der Terror

to thank	danken
timid	ängstlich
timidity	die Ängstlichkeit
unfaithful	untreu
unfaithfulness	die Untreue
unfavourable	ungünstig
unfortunate	unglücklich
unfriendly	unfreundlich
ungrateful	undankbar
unhappy	unglücklich
unreasonable	unvernünftig
unsure	unsicher
unworthy	unwürdig
vain	eingebildet
vice	das Laster
vicious	bösartig
villain	der Bösewicht
vindictive	rachsüchtig
virtue	die Tugend
virtuous	tugendhaft
whim	die Laune
wickedness	die Schlechtigkeit
worthy	würdig
mind	**der Geist**, **Verstand**
accuracy	die Genauigkeit
agreement	die Übereinstimmung
to agree with	übereinstimmen mit
to be ashamed	sich schämen
astonishment	das Erstaunen

capability	die Fähigkeit
capable	fähig
cautious	wachsam, vorsichtig
certain	gewiß
certainty	die Gewißheit
clever	klug
common sense	der gesunde Menschenverstand
confidence	das Vertrauen
conscience	das Gewissen
consent	die Zustimmung
to consent	zustimmen
to convince	überzeugen
custom	die Sitte
to decide	entscheiden
to despise	verachten
to discuss	diskutieren
to displease	mißfallen
excuse	die Entschuldigung
to excuse	entschuldigen
extrovert	extrovertiert
to favour	begünstigen
to fail	scheitern
to fear	fürchten
to grant	gewähren
to hope	hoffen
imaginative	phantasievoll
inaccuracy	die Ungenauigkeit
to insult	beleidigen
intelligence	die Intelligenz

intelligent	intelligent
introvert	introvertiert
to lack	fehlen
liar	der Lügner
lie	die Lüge
to lie	lügen
to meditate	meditieren
memory (faculty)	die Erinnerunsvermögen
memory (thought)	die Erinnerung
mistake	der Fehler
to (make a) mistake	einen Fehler machen
mistrustful	mißtrauisch
moderate	gemäßigt
to occur, come to mind	einfallen
opinion	die Meinung
to perceive	wahrnehmen
perceptive	einfühlsam
to protest	protestieren
quarrel	der Streit
to realise	bemerken, erkennen
reason	die Vernunft
to reason	erwägen
reasonable	vernünftig
recollection	die Erinnerung
to reconcile	sich versöhnen
to regret	bedauern
to remember	sich erinnern an
to risk	riskieren

scruple	der Skrupel
self-confidence	das Selbstvertrauen
sensible	vernünftig
sensitive	sensibel
sensitivity	die Sensibiltät
to sigh	seufzen
stupid	dumm
stupidity	die Dummheit
sure	sicher
to suspect	verdächtigen
suspicion	der Verdacht
suspicious	verdächtig
to think of	denken an
thought	der Gedanke
true	wahr
to trust	vertrauen
trustful	vertrauensvoll
truth	die Wahrheit
uncertain	ungewiß
undecided	unentschlossen
to understand	verstehen
understanding	das Verständnis
will	der Wille
(determination)	
spirit	**der Geist, die Seele**
abbess	die Abtissin
abbey	die Abtei
abbot	der Abt
agnostic	der Agnostiker, die Agnostikerin

agnosticism	das Agnostikertum
altar	der Altar
angel	der Engel
animism	der Animismus
apostle	der Apostel
archbishop	der Erzbischof
atheism	der Atheismus
atheist	der Atheist, die Atheistin
to baptise	taufen
belief	der Glaube
to believe	glauben
believer	der (die) Gläubige
Bible	die Bibel
bishop	der Bischof
to bless	segnen
blessed	selig
blessing	der Segen
Buddhism	der Buddhismus
Buddhist (person)	der Buddhist, die Buddhistin
Calvinism	der Calvinismus
Calvinist (person)	der Calvinist, die Calvinistin
cardinal	der Kardinal
Catholic (person)	der Katholik, die Katholikin
Catholicism	der Katholizismus
to celebrate	feiern
chalice	der Kelch
chapel	die Kapelle
charismatic	charismatisch
Christian (person)	der Christ, die Christin

Christianity	das Christentum
church	die Kirche
clergy	der Klerus
clergyman	der Kleriker
convent	das Kloster
to convert	konvertieren
cult	der Kult
to curse	verfluchen
devil	der Teufel
devilish	teuflisch
devout	fromm
divine	göttlich
evangelical	evangelisch
faith	der Glaube
fervent	hingebungsvoll
fundamental	fundamental
fundamentalism	der Fundamentalismus
fundamentalist	der Fundamentalist, die Fundamentalistin
god	der Gott
God	Gott
goddess	die Göttin
heaven	der Himmel
hell	die Hölle
heresy	die Ketzerei
heretic	der Ketzer, die Ketzerin
Hindu (person)	der Hindu
Hinduism	der Hinduismus
holy	heilig

Islam	der Islam
Jewish (person)	der Jude, die Jüdin
Judaism	das Judentum
Koran	der Koran
mass	die Messe
minister	der Pastor, die Pastorin
monastery	das Kloster
monk	der Mönch
Mormon	der Mormone, die Mormonin
Mormonism	das Mormonentum
Muslim (person)	der Moslem, die Moslemin
nun	die Nonne
omnipotent	allmächtig
pagan	heidnisch
paradise	das Paradies
parish	die Gemeinde
pilgrim	der Pilgerer, die Pilgerin
pilgrimage	die Pilgerschaft
pious	fromm
Pope	der Papst
to pray	beten
prayer	das Gebet
to preach	predigen
preacher	der Prediger
Presbyterian (person)	der Presbiterianer, die Presbiterianerin
presbytery	das Presbyterium
priest	der Priester, die Priesterin
proselyte	der Bekehrungseifer

to proselytise	bekehren
Protestant (person)	der Protestant, die Protestantin
Protestantism	der Protestantismus
Rastafarian (person)	der Rastafarian
religion	die Religion
religious	religiös
to repent	bereuen
repentant	reumütig
sacred	heilig
safe	sicher
saint	der Heilige, die Heilige
saviour	der Erlöser, die Erlöserin
scientologist (person)	der Scientologe, die Scientologin
scientology	die Scientology
sect	die Sekte
sermon	die Predigt
shaman	der Schamane
sin	die Sünde
to sin	sündigen
sinner	der Sündiger, die Sündigerin
solemn	feierlich
soul	die Seele
voodoo	(das) Voodoo
witch doctor	der Medizinmann
Zionism	der Zionismus

for churches, see **CULTURE**, ARTS, **architecture** *p44*

to arrange flowers	**Blumen binden**
epiphyte	die Schmarotzerpflanze
garland	die Girlande
moss	das Moos
creeper	**die Kletterpflanze**
to climb	klettern
creeping	kletternd, Kletter- (eg Kletterpflanze)
honeysuckle	das Geißblatt
hop	der Hopfen
ivy	der Efeu
mistletoe	die Mistel
tendril	die Ranke
wisteria	die Glyzine
flower	**die Blume**
anemone	die Anemone
annual adj	jährlich
biennial adj	zweijährig
blooming	blühend
bud	die Knospe
to bud	Knospen treiben
carnation	die Nelke
crocus	der Krokus
daffodil	die Osterglocke
to flower	blühen
flowerbed	das Blumenbeet
hyacinth	die Hyazinthe
hybrid	die Hybride
lily	die Lilie

lily of the valley	das Maiglöckchen
marigold	die Ringelblume
mignonette	die Reseda
orchid	die Orchidee
pansy	das Stiefmütterchen
perennial adj	mehrjährig
petal	das Blütenblatt
primrose	die Primel
scent	der Duft
seed	der Samen
snapdragon	das Löwenmaul
snowdrop	das Schneeglöckchen
sunflower	die Sonnenblume
tulip	die Tulpe
to wither	verdorren
withered	verdorrt
garden	**der Garten**
to dig	graben
to enclose	einfassen
to fertilise	befruchten, düngen
foliage	das Laub
fountain	die Quelle
gardener	der Gärtner, die Gärtnerin
grass	das Gras
hedge	die Hecke
hose	der Gartenschlauch
irrigation	die Bewässerung
landscape gardener	der Gartenarchitekt, die Gartenarchitektin

leaf	das Blatt
leafy	belaubt
to plant	pflanzen
pollen	der Blütenstaub
to pollinate	bestäuben
pollination	die Bestäubung
privet (hedge)	die Liguster(hecke)
radical adj	radikal
root	die Wurzel
rotovator	der Pflug mit rotierenden Klingen
sap	der Saft
spore	die Spore
to spray	sprühen
sprayer	der Zerstäuber
stalk	der Stiel
stem	der Stamm
stock (species)	der Bestand
to take root	Wurzeln schlagen
to thin	ausdünnen
to transplant	umpflanzen
to uproot	entwurzeln
to water	bewässern
watering can	die Gießkanne
herb	**das Kraut**
angelica	die Angelika
balm	die Melisse
balsam	das Rührmichnichtan
basil	das Basilikum

camomile	die Kamille
chicory	der Chicorée
chives	der Schnittlauch
coriander	der Koriander
dill	der Dill
fennel (for seeds)	der Fenchel
marjoram	der Majoran
mint	die Minze
mustard	der Senf
oregano	das Oregano
parsley	die Petersilie
rosemary	der Rosmarin
sage	der Salbei
tarragon	der Estragon
thyme	der Thymian
house plants	**die Zimmerpflanze** *f*
bonsai	der Bonsai
cactus	der Kaktus
fern	der Farn
spider plant	die Grünlilie
Venus flytrap	die Venus-Fliegenfalle
rock plant	**die Felsenpflanze,**
	das Steingartengewächs
alpine	alpin
shrub(s)	**der Strauch (die Sträucher)**
azalea	die Azalee
bay	die Bucht
berry	die Beere
bush	der Busch

fuchsia	die Fuchsie
heather	das Heidekraut
holly	die Stechpalme
laurel	der Lorbeer
magnolia	die Magnolie
myrtle	die Heidelbeerre
rhododendron	der Rhododendron
soft fruits	**die Weichfrüchte** *f pl*
bilberry / blueberry	die Blaubeere
(bush)	(der Blaubeerbusch)
blackcurrant	die schwarze Johannisbeere
currant bush	der Johannisbeerbusch
gooseberry	die Stachelbeere
gooseberry bush	der Stachelbeerbusch
juicy	saftig
kiwi	die Kiwi
lychee	die Litschi
raspberry	die Himbeere
raspberry cane	der Himbeerbusch
redcurrant	die rote Johannisbeere
redcurrant bush	der rote Johannisbeerbusch
ripe	reif
to ripen	reifen
sloe (bush)	der Schlehenbusch
sloe (fruit)	die Schlehe
strawberry	die Erdbeere
strawberry plant	die Erdbeerpflanze
strawberry runner	der Ausläufer
white currant	die weiße Johannisbeere

white currant bush	der weiße Johannisbeerbusch
stalks	**die Ranke**
rhubarb	der Rhabarber
vine	**der Weinstock**
currant	die Korinthe
to gather grapes	Trauben ernten
grape	die Traube
grape harvest	die Traubenernte
press	die Presse
to press	pressen
raisin	die Rosine
vineyard	der Weingarten
vintner	der Winzer, die Winzerin
weed	**das Unkraut**
bramble	der Dornenstrauch
briar	die Heckenrose
buttercup	die Butterblume
clover	der Klee
daisy	das Gänseblümchen
dandelion	der Löwenzahn
deadly nightshade	die Tollkirsche
gorse	der (Stech-)Ginster
hemlock	der Schierling
nettle	die Brennessel
thistle	die Distel
to weed	Unkrautjäten
wild garden	**der Wildgarten**
bluebell	die Glockenblume
broom	der Ginster

cornflower	die Kornblume
forget-me-not	das Vergißmeinnicht
foxglove	der Fingerhut
mallow	die Malve
poppy	der Mohn
reed	das Schilf
rush	die Binse
scrub	das Buschwerk
undergrowth	das Unterholz
watercress	die Brunnenkresse
wild, uncultivated	wild, brach
TREE(S)	DER BAUM (DIE BÄUME)
bark	die Rinde
branch	der Ast
forest trees	die Waldbäume *m pl*
jungle	der Dschungel
knot	der Knoten
palm tree	die Palme
tree ring	der Jahresring
trunk	der Stamm
twig	der Zweig
wood	der Wald, das Holz
woody	waldig
coniferous	**zapfentragend**
cone	der Zapfen
conifer	der Nadelbaum
evergreen	das Immergrün
fir	die Tanne

monkey puzzle	die Schuppentanne
pine	die Kiefer
deciduous	**Laub-, jährlich die Blätter abwerfend**
acacia	die Akazie
acorn	die Eichel
alder	die Erle
ash	die Esche
aspen	die Espe
azalea	die Azalee
beech	die Buche
birch	die Birke
catkin	das (Weiden-)Kätzchen
cedar	die Zeder
elm	die Ulme
eucalyptus	der Eukalyptus
giant redwood (sequoia)	der Mammutbaum
holm oak	die Steineiche
juniper	der Wacholder
lime	die Linde
maple	der Ahorn
oak	die Eiche
poplar	die Pappel
to shed leaves	die Blätter verlieren
sycamore	der Bergahorn
thorn	der Dorn
thorn tree	der Dornenbusch
thorny	dornig

weeping willow	die Trauerweide
yew	die Eibe
fruit tree	**der Obstbaum**
almond	die Mandel
almond tree	der Mandelbaum
apple	der Apfel
apple tree	der Apfelbaum
apricot	die Aprikose
apricot tree	der Aprikosenbaum
cherry	die Kirsche
cherry tree	der Kirschbaum
fruit	das Obst
graft	der Pfropfreis
to graft	aufpfropfen
lemon	die Zitrone
lemon tree	der Zitronenbaum
medlar	die Mispel
medlar tree	der Mispelbaum
olive	die Olive
olive tree	der Olivenbaum
orange	die Orange, Apfelsine
orange tree	der Orangenbaum
peach	der Pfirsich
peach tree	der Pfirsichbaum
pear	die Birne
pear tree	der Birnenbaum
plum	die Pflaume
plum tree	der Pflaumenbaum
pomegranate	der Granatapfel

pomegranate tree	der Granatapfelbaum
prune	die Trockenpflaume
to prune	ausschneiden
to shake	schütteln
stone	der Stein
to stone	entsteinen
nut tree(s)	**der Nußbaum (die Nußbäume)**
chestnut	die (Eß-)Kastanie
chestnut tree	der (Eß-)Kastanienbaum
hazelnut	die Haselnuß
hazelnut tree	der Haselstrauch
walnut	die Walnuß
walnut tree	der Walnußbaum
TROPICAL	TROPISCH
bamboo	der Bambus
banana	die Banane
banana tree	die Bananenstaude
cocoa tree	der Kakaobaum
coconut	die Kokosnuß
coconut palm	die Kokospalme
date	die Dattel
date palm	die Dattelpalme
ebony	das Ebenholz
mahogany	das Mahagoni
pineapple	die Ananas
rosewood	das Rosenholz
rubber tree	der Gummibaum
sugar cane	das Zuckerrohr

artichoke	die Artichocke
asparagus	der Spargel
broad beans	die Saubohne
broccoli	der Broccoli
Brussels sprouts	der Rosenkohl
cabbage	der Kohl
cauliflower	der Blumenkohl
celery	der Staudensellerie
courgette	der Zuchini
fennel (bulb)	der Fenchel (die Fenchelknolle)
fungus	der Pilz
garlic	der Knoblauch
green peas	die grünen Erbsen *f*
harmful	schädlich, giftig
husk	die Hülse
kitchen garden	der Küchengarten
kohlrabi	der Kohlrabi
leek	der Lauch
lettuce	der Salat
mushroom	der Champignon
onion	die Zwiebel
parsnip	der Parsnip
to peel	schälen
pod	die Schote
to pod, shell (peas)	enthülsen
potato	die Kartoffel
radish	das Radieschen
runner beans	die Stangenbohne

to scrape	abkratzen
shallot	die Schalotte
spinach	der Spinat
sugar snap peas	die Zuckerschote
swede	die Kohlrübe
sweet potato	die Süßkartoffel
tuber	die Knolle
turnip	die weiße Rübe
yam	die Yamwurzel
fruits served as	**Früchte als Gemüse**
vegetables	**dargereicht**
pepper (capsicum)	die Paprikaschote
tomato	die Tomate

SPORT   **D**ER **S**PORT

amateur	der Amateur
armband	das Armband
ball	der Ball
bet	die Wette
to bet	wetten
captain	der Kapitän
champion	der Champion
coach	der Trainer
to coach	trainieren
coaching	das Training
competition	der Wettbewerb
contest	der Wettkampf

fan	der Fan
field	das Feld
(competitors)	
(playing) field	das Spielfeld
finishing line	die Ziellinie
foul	das Foul
game	das Spiel
grandstand	de Tribüne
- *lap*	die Runde
to lap	eine Runde laufen
match	das Match
odds	die Chancen *f pl*
Olympics	die Olympischen Spiele
physiotherapist	der Physiotherapeut
professional	professionell
race	das Rennen
racecourse	die Rennbahn
to run	rennen
sports medicine	die Sportmedizin
stadium	das Stadium
trophy	die Trophäe
American football	**der amerikanische Fußball**
athletics	**die Leichtathletik**
athlete	der Leichtathlet,
	die Leichtathletin
baton	der Tambourstock
blocks	der Startblock
decathlete	der Zehnkämpfer,
	die Zehnkämpferin

decathlon	der Zehnkampf
discus	der Diskuswurf
hammer	das Hammerwerfen
high jump	der Hochsprung
hurdle	die Hürde
to hurdle	hürdenlaufen
hurdler	der Hürdenläufer, die Hürdenläuferin
javelin	das Speerwerfen
long-distance race	der Langstreckenlauf
long-distance runner	der Langstreckenläufer, die Langstreckenläuferin
long jump	der Weitsprung
marathon	der Marathon
marathon runner	der Marathonläufer, die Marathonläuferin
medal	die Medaille
pentathlete	der Fünfkämpfer, die Fünfkämpferin
pentathlon	der Fünfkampf
personal best	die persönliche Bestzeit
pole vault	der Stabhochsprung
to put the shot	kugelstoßen
record	der Rekord
relay race	der Staffellauf
shotput	das Kugelstoßen
sprint	der Sprint
to sprint	sprinten
sprinter	der Sprinter, die Sprinterin

stamina	die Ausdauer
track	die Bahn
training programme	das Trainingsprogramm
triathlete	der Triathlet, die Triathletin
triathlon	der Triathlon
triple jump	der Dreisprung
bowls	**das Kegeln**
(bowling) *green*	der Kegelplatz
tenpin bowling	das Bowling
boxing	**das Boxen**
bout	der Wettkampf
boxer	der Boxer
boxing gloves	der Boxhandschuh
count	der Stand
featherweight	das Federgewicht
flyweight	das Fliegengewicht
gumshield	der Gaumenschutz
heavyweight	das Schwergewicht
knockout	das KO, die Bewußtlosigkeit
promoter	der Veranstalter, die Veranstalterin
ring	der Ring
round	die Runde
second	die Sekunde
welterweight	das Weltergewicht
bullfight	**der Stierkampf**
bull fighter	der Torero
cushion (to sit on)	das Kissen
matador	der Matador

moment of truth	der Stunde der Wahrheit
picador	der Pikador
shade	der Schatten
suit of lights	das Stierkämpferkostüm
sun	die Sonne
toreador	der Stierfechter
climbing	**das Klettern**
to abseil	abseilen
base camp	das Basiskamp
to belay (a rope)	festmachen
to chimney	eine enge Felsspalte hochklettern
crampons	das Steigeisen
fell walking	das Bergwandern
ice-axe	der Eispickel
mountaineer	der (die) Bergsteiger(in)
mountaineering	das Bergsteigen
orienteering	der Orientierungslauf
rock climber	der Felskletterer, die Felskletterin
rock climbing	das Felsklettern
secure	absichern
cycling	**das Radfahren**
cyclist	der Radfahrer, die Radfahrerin
mountain bicycle	das Mountainbike
stage	das Stadium
timer	die Stopuhr
time trial	der Versuch auf Zeit

yellow jersey	das gelbe Trikot
fencing	**das Fechten**
agility	die Beweglichkeit
balance	das Gleichgewicht
fencer	der Fechter, die Fechterin
foil	die Folie
grace	die Anmut
football (sport)	**der Fußball**
back	der Hintermann
corner	die Ecke
to defend	verteidigen
defender	der Verteidiger
to dribble	dribbeln
football (ball)	der Fußball
footballer	der Fußballspieler, die Fußballspielerin
football pools	die Fußballwetten *f pl*, das Fußballtoto
forward	der Stürmer
goal (objective)	das Ziel
goal (scored)	das Tor
goalkeeper	der Torhüter
goal-kick	der Torshuß
goalpost	der Torpfosten
goal scorer	der Torschütze
handball	der Handball
to head	köpfen
linesman	der Linienrichter
to mark	markieren

midfielder	der Mittelstürmer
offside	das Abseits
penalty	die Strafe
referee	der Schiedsrichter
to score	ein Tor schießen
to shoot	schießen
striker	der Stürmer
substitute	der Ersatzspieler
to substitute	auswechseln
team	die Mannschaft
winger	der Links(Rechts-)Außen
yellow card	die gelbe Karte
golf	**das Golf**
to address the ball	den Ball addressieren
albatross	der Albatross
birdie	der Birdie
bogie	der Bogie
bunker	der Bunker
caddy	der Caddy
card	die Karte
club (organisation)	der Club
club (stick)	der Schläger
clubhouse	das Clubhouse
course	der Platz
double bogie	der doppelte Bogie
driver (a club)	der Driver
eagle	der Adler
fairway	die Fahrrinne
flag	die Flagge

green	grün
green fees	die Platzgebühr
hole	das Loch
iron (a club)	der Eisenschläger
leader board	die Rangtafel
(golf) *links*	der Golfplatz
par	pari
putter (a club)	der Putter
to swing	schwingen
wedge (a club)	der Keil
wood (a club)	der Holzschläger
gymnastics	**das Turnen**
aerobic	dieAerobik
circuit training	das Zirkeltraining
gym	das Fitneßcentre
gymnast	der Turner, die Turnerin
horse	das Pferd
parallel bars	der Parallelbarren
somersault	der Purzelbaum, das Salto
to work out	trainieren, Sport treiben
hockey	**das Hockey**
horseriding	**das Reiten**
to draw (=pull)	ziehen
dressage	die Dressur;
	das Dressurreiten
to drive (a carriage)	fahren
flat racing	das Flachrennen
horseman	der Reiter, die Reiterin
jockey	der Jockey

point-to-point	das Springreiten
polo	das Polo
showjumping	das Kunstspringen
three-day event	das Dreitageergeignis
trotting racing	das Traben

see also **ANIMAL(S)**, FARM ANIMAL, **horses** *p16* and
WORK, AGRICULTURE, **stockbreeding** *p212*

lacrosse	**das Lacrosse**
to cradle	wiegen
motor racing	**das Motorrennen**
chequered flag	die karierte Flagge
Formula 1	die Formel 1
kart racing	das Gokartrennen
motocross	das Motorradcrossrennen
motorbike racing	das Motorradrennen
pit stop	der Zwischenstop, Pitstop
rally driving	das Ralleyfahren
roll bars	der Überrollbügel
scrambling	das Scrambling
safety helmet	der Sicherheitshelm
sponsorship	die Unterstützung, das Sponsorentum
superbike	das Superbike
rugby	**das Rugby**
bench	die Bank
fifteen	fünfzehn
fly-half	der Öffnungshalbspieler
full back	der Verteidiger
hooter	die Sirene

knockout	das K.O.
knockout competition	der Ausschußwettbewerb
league	die Liga
penalty kick	der Strafschlag
prop	das Prop
put in	einwerfen
red card	die rote Karte
scrum	das Gedränge
scrum-half	der Gedrängehalbspieler
seven-a-side	sieben-zur-Seite
sin bin	die Strafbank
to tackle	angreifen
touch down	das Touch down
try	der Versuch
to try	versuchen
(rugby) union	das Rugby Union Spiel
uprights (goalposts)	die Torpfosten *m pl*
skating	**das Eislaufen**
figure skating	das Figurenlaufen
ice dancing	der Eistanz
ice hockey	das Eishockey
ice skating	das Eislaufen
in-line skates	die Inlineskates *m pl*
rollerskates	die Rollschuhe *m pl*
skate	der Schlittschuh
to skate	schlittschuhfahren
skateboard	das Skateboard

tennis	**das Tennis**
backhand	die Rückhand
clay court	der Lehmplatz
forehand	die Vorhand
grass court	der Grasplatz
lawn tennis	das Rasentennisspiel
let	der Netzball
lob	der Lob
love (score)	null
net	das Netz
racket	der Schläger
real (royal) *tennis*	das echte (Royal) Tennis
serve	der Aufschlag
to serve	aufschlagen
set	der Satz
table tennis	das Tischtennis
tennis player	der Tennisspieler,
	die Tennisspielerin
two-handed	zweihändig
volley	der Flugball
wrestling	**das Ringen**
to hold	halten
lock	schließen
to throw	werfen
WATER SPORTS	DER WASSERSPORT
angling	**das Angeln**
bait	der Köder
to bait	ködern

to cast (a line)	(die Leine) auswerfen
coarse fishing	das Fischen in süßem Wasser
fish	der Fisch
to fish	fischen
fishing rod	die Angelrute
float	der Schwimmer
fly	die Fliege
fly fishing	das Fliegenfischen
game fishing	das Sportfischen
groundbait	der Grundköder
hook	der Haken
keep net	das Aufbewahrungsnetz
line	die Leine
lure	der Blinker
to lure	anlocken
reel	die Leine
sea angling	das Hochseefischen
rowing	**das Rudern**
canoe	das Kanu
canoeing	das Kanufahren
canoeist	der Kanufahrer, die Kanufahrerin
cox	der Steuermann, die Steuerfrau
oar	das Ruder
paddle	das Paddel
to row	rudern
rower	der Ruderer, die Ruderin
stroke	der Schlagmann, die Schlagfrau

sailing	**das Segeln**
boom (of sail)	der Baum
deck	das Deck
dinghy	das Ding(h)i
locker	der / das Schapp
mast	der Mast
sail	das Segel
sheet (rope)	das Tau
to tack	kreuzen
swimming	**das Schwimmen**
backstroke	das Rückenschwimmen
breaststroke	das Brustschwimmen
butterfly	der Delphinstil
crawl	das Kraulen
deep-sea diving	das Tiefseetauchen
to dive	tauchen
diving boards	das Tauchbrett
flume	die Wasserutsche
freestyle	der Freistil
high diving	das Turmspringen
lifeguard	der Bademeister
springboard	das Sprungbrett
to swim	schwimmen
swimmer	der Schwimmer, die Schwimmerin
swimming pool	der Swimmingpool, das Schwimmbad
synchronised swimming	das Synchronschwimmen

water polo	**das Wasserpolo**
water skiing	**der Wasserski**
outboard motor	der Außenmotor
WINTER SPORTS	DER WINTERSPORT
bobsleigh	**der Bobschlitten**
luge	**der Schlitten**
skiing	**das Skifahren**
bindings	die Bindung
cross-country skiing	der Langlauf
ice hockey	das Eishockey
puck	der Puck
ski	der Ski
to ski	Ski fahren
ski boots	der Skistiefel
skier	der Skifahrer, die Skifahrerin
ski jump	das Skispringen
ski lift	der Skilift
ski run	die Piste
ski stick	der Skistock
slalom	der Slalom
sledge	der Schlitten
snowball	der Schneeball
snowball fight	der Schneeballschlacht
snowboard	das Snowboard
snowplough	der Schneepflug
snowshoe	der Schneeschuh
toboggan	der Schlitten, das Schlittenfahren

AGRICULTURE	DIE LANDWIRTSCHAFT
agricultural	landwirtschaftlich
arable	**bebaubar**
baler	der Stabilistor
barren	unfruchtbar
combine harvester	der Mähdrescher
country estate	das Landgut
countryside	die Landschaft, das Land
courtyard	der Hof
to cultivate	anbauen
cultivation	der Anbau
to dig	graben
dry	trocken
farm	der Bauernhof
farmer	der Landwirt, die Landwirtin
fertile	fruchtbar
to fertilise (crop)	düngen
fertiliser	der Dünger
furrow	die Furche
to germinate	keimen
grain	das Korn
greenhouse	das Treibhaus
harrow	die Egge
harvest	die Ernte
to harvest	ernten
hay	das Heu
hayfork	die Heugabel
haystack	der Heuhaufen
hoe	die Hacke

to irrigate	bewässern
labourer	der Arbeiter, die Arbeiterin
market garden	der Marktgarten
meadow	die Wiese
to mow	mähen
nursery (plants)	die Baumschule
pile	der Haufen
to pile up	aufhäufen
plough	der Pflug
to plough	pflügen
rake	der Rechen
to rake	rechen
reaper	der Erntearbeiter, die Erntearbeiterin
reaping machine	die Erntemaschine
rotovator	der Pflug mit rotierenden Klingen
rustic	ländlich
to scatter	verstreuen
scythe	die Sense
seed	der Samen
sickle	die Sichel
silage	das Silofutter
to sow	sähen
sowing	die Saat
spade	die Schaufel
straw	das Stroh
tillage	das Pflügen
tractor	der Traktor

well	der Brunnen
crops	**die Feldfrucht, Ernte**
alfalfa	das Alfalfa
barley	die Gerste
ear (of wheat)	die (Weizen-)Ähre
grape harvest	die Weinernte
grape picker	der Traubenpflücker
linseed (flax)	der Leinsamen
maize	der Mais
oats	der Hafer
rapeseed	der Raps
rice	der Reis
sunflower	die Sonnenblume
wheat	der Weizen
stockbreeding	**die Viehzucht**
blacksmith	der Schmied
dairy	die Molkerei
fodder, feed	das Futter
herdsman	der Kuhhirte, die Kuhhirtin
to milk	melken
milking machine	die Melkmaschine
shepherd	der Schafhirte, die Schafhirtin
to shoe (horses)	behufen
stable	der Stall
stockbreeder	der Viehzüchter, die Viehzüchterin
subsidy	die Unterstützung

see also **ANIMAL(S)**, FARM ANIMAL, **horses** *p16* and **SPORT, horseriding** *p203*

asset	das Vermögen
assistant	der Geselle
board of directors	der Vorstand
chairman of the board	der (die) Vorstandsvorsitzende
contract	der Vertrag
director	das Vorstandsmitglied
dividend	die Dividende
liability (liabilities)	die Verbindlichkeit(en) *f*
to list (shares)	(Aktien) notieren lassen
managing director	der geschäftsführende Direktor, die geschäftsführende Direktorin
shareholder	der Aktionär, die Aktionärin
takeover	die Übernahme
commerce	**der Handel**
account	das Konto
to associate	in Partnerschaft gehen
business	das Geschäft
businessman	der Geschäftsmann
branch	die Filiale
to cancel	annullieren
carriage	der Wagen
company	die Gesellschaft
to deliver	liefern
delivery	die Lieferung
demand	die Forderung, die Nachfrage
deposit	die Kaution

to dispatch	schicken
export	die Ausfuhr
goods	die Waren
import	die Einfuhr
market	der Markt
offer	das Gebot, Angebot
to offer	bieten
on credit	auf Kredit
order	der Auftrag
packaging	die Verpackung
to pack up	einpacken
partner	der Partner, die Partnerin
portable	tragbar
premises	das Gelände
to settle	begleichen
subject	das Thema
transport	der Transport
to transport	transportieren
to undertake	unternehmen
to unpack	auspacken
to unwrap	auswickeln
to wrap	einwickeln
industry	**die Industrie, die Branche**
ability	die Fähigkeit
blackleg	der Streikbrecher, die Streikbrecherin
busy	beschäftigt
canteen	die Kantine
clumsy	ungeschickt

enterprise	das Unternehmen
expert	der Experte, din Expertin
factory	die Fabrik
foreman	der Vorarbeiter, die Vorarbeiterin
to go on strike	in Streik gehen
industrialist	der (die) Industrielle
to keep busy	sich beschäftigen
lazy	faul
lock-out	die Aussperrung
machine	die Maschine
machinery	die Maschinerie
manufacture	die Produktion
to manufacture	produzieren, herstellen
manufacturer	der Produzent, die Produzentin
minimum wage	der Mindestlohn
operator	der Bediener, die Bedienerin
picket	der Streikposten
skilful	fähig
skill	die Fertigkeit
strike	der Streik
striker	der Streikteilehmer, die Streikteilnehmerin
supervisor	der Aufseher, die Aufseherin
trademark	das Warenzeichen
trade union	die Gewerkschaft
trade unionism	die Gewerkschaftsbewegung
trade unionist	der Gewerkschaftler, die Gewerkschaftlerin

warehouse	das Lagerhaus
media	**die Medien** *f pl*
actor	der Schauspieler,
	die Schauspielerin
author	der Autor, die Autorin
cameraman	der Kameramann,
	die Kamerafrau
communications	die Verständigung
designer	der Designer, die Designerin
director	der Direktor,
	die Direktorin
editor	der Herausgeber,
	die Herausgeberin
feature writer	der Featureschreiber,
	die Featureschreiberin
film	der Film
illustrator	der Illustrator,
	die Illustratorin
interviewer	der Interviewer,
	die Interviewerin
journalist	der Journalist,
	die Journalistin
lighting technician	der Beleuchtungstechniker,
	die Beleuchtungstechnikerin
magazine	das Magazin, die Zeitschrift
newscaster	der Nachrichtensprecher,
	die Nachrichtensprecherin
newspaper	die Zeitung
photographer	der Fotograf, die Fotografin

presenter	der Ansager, die Ansagerin
to print	drucken
printer	der Drucker
printing	der Druck
producer	der Produzent,
	die Produzentin
to publish	veröffentlichen
publisher	der Verlag
to report	berichten
reporter	der Reporter
reporting	das Reporterwesen
set dresser	der Bühnenbildner,
	die Bühnenbildnerin
stage manager	der Bühnendirektor,
	die Bühnendirektorin
sound mixer	der Tontechniker,
	die Tontechnikerin
wardrobe manager	der Garderobendirektor,
	die Garderobendirektorin

see also **CULTURE**, ARTS, **cinema** *p46* and **LEARNING**, **current events** *p127*

office	**das Büro**
accountant	der Buchhalter,
	die Buchhalterin
audiotypist	der Audiotypist,
	die Audiotypistin
branch manager	der (die) Filialleiter(in)
chief	der Chef, die Chefin
clerk	der (die) Angestellte

copier	der Fotokopierer
to depend on	abhängig sein von
desk	der Schreibtisch
dictaphone	das Diktiergerät
to employ	einstellen
employee	der Arbeitnehmer, die Arbeitnehmerin
employer	der Arbeitgeber, die Arbeitgeberin
employment	die Anstellung
evening after work	der Feierabend
lunch break	die Mittagspause
manager	der Manager, die Managerin
sales manager	der Vertriebsleiter, die Vertriebsleiterin
secretary	der Sekretär, die Sekretärin
shorthand	die Stenographie
shorthand typist	der Stenotypist, die Stenotypistin
trainee	der (die) Praktikant(in)
typing	das Maschinenschreiben
typist	die Schreibkraft
typewriter	die Schreibmaschine
unemployed	arbeitslos
unemployment	die Arbeitslosigkeit
voicemail	der Anrufbeantwortungsdienst
workstation	der Arbeitsplatz

see also **HOME**, **office** / **study** *p99*

accountant	der Buchhalter, die Buchhalterin
attorney	der (Rechts-)Anwalt, die (Rechts-)Anwältin
banker	der Bankkaufmann, die Bankkauffrau
barrister	der (Rechts-)Anwalt, die (Rechts-)Anwältin (vor Gericht)
consultant	der Berater, die Beraterin
dentist	der Zahnarzt, die Zahnärztin
doctor	der Arzt, die Ärztin
ethical	ethisch
ethics	die Ethik
firm	die Firma
freelance adj	freiberuflich
indemnity	die Absicherung, Entschädigung
junior adj	junior
layman	der (die) Laie
liability	die Haftung, Belastung
notary	der Notar, die Notarin
partner	der Partner, die Partnerin
practice	die Praxis
professional	der Fachmann, der (die) Angehörige eines hochqualifizierten Berufes
qualifications	die Qualifikation
senior adj	senior

solicitor	der (Rechts-)Anwalt, die (Rechts-)Anwältin
surveyor	der Gutachter, die Gutachterin
PUBLIC SERVICES	DER ÖFFENTLICHE DIENST
alarm	der Alarm
emergency	der Notfall
siren	die Sirene
emergency services	**der Notdienst**
ambulance	der Krankenwagen
fire engine	der Feuerwehrwagen
fire hydrant	der Hydrant
fireman	der Feuerwehrmann
fire station	die Feuerwehrstation
paramedic	der Arzthelfer, die Arzthelferin
police (force)	die Polizei
policeman	der Polizist, die Polizistin
police station	die Polizeistation
library	**die Bibliothek, die Bücherei**
bookrest	die Buchstütze
catalogue	der Katalog
to learn	lernen
learned adj	gelernt, gebildet
librarian	der Bibliothekar, die Bibliothekarin
to make notes	(die) Notizen machen
to read	lesen
scholarly	wissenschaftlich

to study	studieren
local authority	**die Kommunalverwaltung**
road works	die (Straßen-)Baustelle
street cleaning	die Müllabfuhr
street lighting	die Straßenbeleuchtung
street sweeper	der Straßenkehrer, die Straßenkehrerin
telephone service (company)	**der Telefondienst**
telegraph pole	der Telegrafenmast
telegraph wires	die Telegrafenleitung
utility	**der öffentliche Versorgungsbetrieb**
pylon	der Mast
SHOP(S)	DER LADEN (DIE LÄDEN)
aisle	der Gang
baker	der Bäcker, die Bäckerin
bakery	die Bäckerei
barber	der (Herren-)Friseur, die (Herren-)Friseurin
barber shop	der (Herren-)Frisiersalon
boutique	die Boutique
butcher	der Metzger, die Metzgerin; der Fleischer, die Fleischerin
butcher's	die Metzgerei, die Fleischerei
cash desk, checkout	die Kasse

chemist	der Apotheker,
(pharmacist)	die Apothekerin
chemist's	die Apotheke
counter	die Theke
customer service	der Kundendienst
delicatessen	die Delikatesse
department store	das Kaufhaus
do-it-yourself store	der Heimwerkerladen
dress shop	das Kleidergeschäft
estate agent	der Immobilienmakler,
	die Immobilienmaklerin
fishmonger	der Fischverkäufer,
	die Fischverkäuferin
fishmonger's	der Fischladen
greengrocer	der Gemüsehändler,
	die Gemüsehändlerin
grocery	das Lebensmittelgeschäft
haberdasher	das Kurzwarengeschäft
hat shop	der Hutladen
hatter / milliner	der Hutmacher,
	die Hutmacherin
hypermarket	der Hypermarkt
ironmonger	der Eisenwarenhändler,
	die Eisenwarenhändlerin
jeweller	der Juwelier, die Juwelierin
to knead	kneten
milkman	der Milchmann
shoeshop	das Schuhgeschäft
shop assistant	der Verkäufer, die Verkäuferin

shopkeeper	der Ladenführer,
	die Ladenführerin
to show	zeigen
stationer	der Papierwarenhändler,
	die Papierwarenhändlerin
stationer's	die Papierwarenhandlung
(precious) stone	der Steinmetz,
cutter	die Steinmetzin
supermarket	der Supermarkt
tailor	der Schneider,
	die Schneiderin
tailor's	die Schneiderei
tobacconist	der Tabakwarenhändler,
	die Tabakwarenhändlerin
tobacconist's	das Tabakwarengeschäft,
	die Traffic *(Austria)*
wine merchant	der Weinhändler,
	die Weinhändlerin
TRADE(S)	DAS (DIE) GEWERBE
apprentice	die Ausbildung, die Lehre
apprenticeship	der Maurer
bricklayer	der Schrankmacher,
	die Schrankmacherin
cabinet maker	der Zimmermann
carpenter	der Tischler, die Tischlerin
craft	das Handwerk
craftsman	der Handwerker,
	die Handwerkerin

day labourer	der Tagelöhner, die Tagelöhnerin
electrician	der Elektriker, die Elektrikerin
engineer	der Techniker, die Technikerin
fitter	der Monteur, die Monteurin
to fix	montieren
fixed	montiert, fest
french polisher	der Polierer, die Poliererin
glazier	der Glasierer, die Glasiererin
to grind	mahlen
joiner	der Tischler, die Tischlerin
mechanic	der Mechaniker, die Mechanikerin
mill	die Mühle
miller	der Müller, die Müllerin
plasterer	der Gipser, die Gipserin
plumber	der Klempner, die Klempnerin
rag and bone man	der Lumpenhändler, die Lumpenhändlerin
spinner	der Spinner, die Spinnerin
upholsterer	der Dekorateur, die Dekorateurin
workman	der Arbeiter, die Arbeiterin